Der Schutz
der
unehelichen Kinder in Leipzig.

Eine Einrichtung
zur Fürsorge ohne Findelhäuser.

Von

Dr. med. Max Taube.

Leipzig,
Verlag von Veit & Comp.
1893.

Druck von Metzger & Wittig in Leipzig.

Inhalt.

Die Umgestaltung des Leipziger Ziehkinderwesens wurde ermöglicht durch die Gunst, welche das hohe königlich sächsische Staatsministerium durch Einführung und Weiterverbreitung der Generalvormundschaft den neuen Verhältnissen entgegenbrachte und durch die Collegien des Rathes und der Stadtverordneten der Stadt Leipzig, welche die Mittel nicht scheuten, den unehelichen Kindern, diesem bedauernswerthen Theile ihrer Bevölkerung, Hilfe zu verschaffen. Die Berichte über diesen Gegenstand finden sich zerstreut und abgekürzt in den städtischen Jahresberichten. Ich hielt eine Zusammenstellung und Ausarbeitung für nothwendig, weil ein Abschluß der neuen Institution erreicht ist, und eine sechsjährige Probezeit den Nutzen unseres Leipziger Systemes sowohl im kleinen Umfange als jetzt bei der Vergrößerung der Stadt gezeigt hat. Die Zunahme der Zahl der unehelichen Kinder, es wurden im Jahre 1891 im deutschen Reiche 170 572 geboren, und die Ungunst ihrer äußeren Lebensbedingungen fordern gebieterisch eine Abhilfe auf diesem Gebiete und wäre dieselbe auch sicher schon eingetreten, wenn ein genauerer Einblick in diese traurigen Verhältnisse vorhanden gewesen wäre. Die falscheste Beurtheilung, besteht aber auf diesem Gebiete, die Ziehmütter werden mit Engelmacherinnen im Durchschnitt auf eine Stufe gestellt und die Mutter des unehelichen Kindes dem Vater desselben gegenüber auf das unwürdigste belastet; selbst der Entwurf zum neuen bürgerlichen Gesetzbuch hat sich von dieser Fessel nicht vollkommen frei machen können. Man bestraft die Mutter, welche in Verzweiflung ihr uneheliches Kind tödtet, als unnatürlich mit größter Strenge und wie wenig wurde bisher gethan, um hier vorzubeugen und die Schreckensthaten, über welche die Tagesblätter fast täglich berichten, im Keime zu ersticken! Bei den großen Anstrengungen, welche in der Neuzeit geschehen, um Verbesserungen auf dem sittlichen Gebiete hervorzurufen, erscheint es wunderbar, daß der Verhältnisse der unehelichen Kinder fast nicht gedacht ist. Man hält aber im Allgemeinen Beschützung der unehelichen Kinder für gleichbedeutend mit Beförderung der unehelichen Geburten, und betrachtet das uneheliche Kind durch seine Entstehung als nicht vollberechtigt zum Leben und oft habe ich den Ausspruch hören müssen, „zu welchem Zwecke diese große Sorge für diese Kinder, denen das Leben nichts bieten kann, für welche es besser wäre, bald zu Grunde zu gehen.“ — Das unehelich geborene Kind hat die gleiche Forderung an das Dasein, wie das ehelich geborene, öfter noch eine berechtigtere, denn es sind im Durchschnitt gesunde und kräftige Kinder, welche, wenn ihre Existenzbedingungen gebessert sind, sich und dem Staate von Nutzen sein müssen. Der einzige Reichthum dieser Kinder ist aber ihre Gesundheit, und muß daher alles geschehen, um diese besonders in den ersten Zeiten zu beschützen.

Es wird nicht meine Absicht sein, durch Anführung von traurigen Fällen, wie wir sie täglich erleben, auf das Gemüth wirken zu wollen, die Thatsachen sprechen für sich und sind die Verhältnisse dahin gediehen, daß nur zweierlei übrig bleibt, entweder als Rückschritt Findelhäuser, oder Annahme des Leipziger Systemes. Möchten diese Zeilen zu dem Letzteren verhelfen.

I.

Die Einrichtung zur Ueberwachung der unehelichen Kinder führt in Leipzig den Namen Ziehkinder-Anstalt, wodurch leicht der Irrthum erweckt wird, daß eine geschlossene Pflege in einem Hause besteht. Es wurde aber unter diesem Namen in Leipzig die Beaufsichtigung aller gegen Entgelt bei Fremden untergebrachten Kinder verstanden. Das System unterscheidet sich schon seit dem Jahre 1824 wesentlich von dem in anderen Städten. Ein bekannter Leipziger Bürger, Johann Ludwig Hartz, vermachte in diesem Jahre der Stadt 2500 Thaler zur Aufbesserung der Existenz der außerehelichen Kinder, es wurde darauf vom Rath aus dem Armendirectorium eine Commission von sechs Mitgliedern gewählt, welche mit dem Beistand von Frauen die Beaufsichtigung der Ziehkinder, denen freie ärztliche Behandlung und Arznei zu Theil wurde, übernahmen. — 1855 kam ein weiteres Geschenk eines Unbekannten von 400 Thalern hinzu, zwei seltene Erscheinungen auf diesem Gebiete. — Im Jahre 1858 fand eine einschneidende Reorganisation statt, es trat eine Veränderung in's Leben, welche der Ausgangspunkt unserer jetzigen Bestrebungen geworden ist, und mir nirgends sonst zur Beobachtung gekommen ist. — Man stand von der freiwilligen Pflegeaufsicht ab und stellte eine besoldete Pflegerin und einen Ziehkinderarzt zu diesem Zwecke an. — Welch' günstigen Einfluß diese Fürsorge haben mußte, zeigt eine kurze Schilderung des alten Systemes, welches noch bestand, als mir im Jahre 1882 die Stellung des Ziehkinderarztes übertragen wurde.

Die innerhalb 14 Tagen bei der Polizei angemeldeten unehelichen, in fremder Pflege befindlichen Kinder wurden mir und der Pflegerin angezeigt. Es war unsere Pflicht, dieselben während der nächsten zwei Wochen zu untersuchen und die Verpflegung, sowie die Gesundheitsverhältnisse der Kinder zu prüfen, bei ungeeigneten Fällen wurde sofort die Entfernung der Kinder beantragt. Die Pflegerin führte alle vier Wochen die Beaufsichtigung fort, während ich außerdem noch die Behandlung der erkrankten Kinder auszuführen hatte. Die einzige Verbindung mit der Behörde bestand in Listen, welche ich über die erkrankten Kinder monatlich, über die ganze Zahl, Abgang und Zugang, jährlich eingab. In das von mir jeder Pflegemutter gegebene Pflegebuch trugen wir den Befund über den Pflegling und die Verpflegung bei jedem Besuche ein. Die Vortheile lagen in der Ausschaltung ungeeigneter Ziehmütter, der Controle über die Verpflegung des Kindes und der sofortigen ärztlichen Hilfe. Das System war für die früheren Zeiten ein äußerst vortheilhaftes gewesen, durch die große Zunahme der unehelichen Kinder drohten aber Nachtheile hervorzutreten, welche die ganze Einrichtung auf die bisherige Weise unmöglich machten. Auch mein Vorgänger, Herr Waisenhausdirector Meißner, hatte in den letzten Jahren nur mit Schwierigkeit seine Pflichten ausführen können. — Während in den früheren Jahren die Kinder innerhalb oder eng um die innere Stadt untergebracht waren, rückten dieselben immer mehr nach den äußeren Vorstädten hinaus, schon für die einzige Pflegerin war es nicht mehr möglich, die Kinder monatlich zu besuchen, wozu bei mir noch die Behandlung sämmtlicher erkrankter Kinder und die Führung der sehr complicirten Listen hinzutrat. In den Monaten Juli und August summirten sich die Besuche über die ganze Stadt zerstreut so sehr, daß die Behandlung nur mit größter Mühe durchgeführt werden konnte. Dabei schicken gute Ziehmütter öfter und schneller zum Arzt, als bei ihren eigenen Kindern, an schönen Tagen faßte meine Behausung oft nicht die Ziehmütter. Eine große Verschwendung an Zeit entstand durch die Art und Weise der polizeilichen Listen an uns. Wegen der späteren Meldung waren dieselben zu einem großen Theile ungenau. — Wohnungsnummern und Namen oft falsch, Treppen dagegen fast nie hinzugefügt, so daß eine Durchsuchung des ganzen vierstöckigen Hauses und Hintergebäudes erforderlich war, um die bei einer anderen Familie manchesmal in Schlafstelle befindliche Ziehmutter zu finden. Häufig war dann das Kind schon wieder in anderen Händen oder gestorben, ohne daß eine Besichtigung stattfinden konnte. Das Hauptgewicht einer jeden Controle besteht aber, wie sich später klarer herausstellen wird, darin, das neu angemeldete Kind sobald als möglich zu besuchen, weil häufig neugeborene syphilitische Kinder in Pflege kommen, deren Mütter sogar Ammen sind, wodurch eine Gefahr für die Pflegemutter und das von der Amme gestillte Kind hervorgerufen wird. Ferner ruhte die ganze Buchführung in den Händen des Arztes und bestand kein Zusammenhang mit der Behörde. Sicher war aber das Grundprinzip der Leipziger Ziehkinderanstalt das beste, was vorhanden war, und zeigte dieses die gegenüber anderen Städten nicht hochgradige Sterblichkeit der unehelichen Kinder.

Um einen genügenden Einblick zu gewinnen, verwaltete ich die Anstalt ein Jahr lang unter den bestehenden Verhältnissen und erlaubte mir dann den folgenden Vorschlag an das Armen-Directorium einzureichen, welchen ich den Berichten des Armenamtes 1883, 1884 und 1885 entnehme.

Bericht über das Jahr 1883.

„Ziehkinderarzt und Pflegerin verpflichten sich, einmal wöchentlich an einem bestimmten Tage und in einem von der Stadt bestimmten Locale (ich würde hierzu Freitag Nachmittag $^1/_2$4—5 Uhr vorschlagen, vielleicht in einem städtischen Impflocale) sich einzufinden. Für diese Stunde würde von Seiten des Armenamtes ein Expedient zur Verfügung gestellt, welcher die Veränderungen und neuen Aufnahmen sofort mit in das Hauptbuch einträgt. Jede Person in Leipzig ist nun, ganz unabhängig von der polizeilichen Anmeldung, verpflichtet, jedes von ihr aufgenommene Kind am nächsten Freitag daselbst vorzustellen oder anzumelden; dasselbe ist dann in den nächsten Tagen von dem Arzte zu besuchen; Veränderungen sind gleichfalls hier sofort zu melden.

Hierdurch ist auf die einfachste Weise eine Verbindung zwischen Ziehkinder-Institut und Armenamt hergestellt. Auch würden, ohne Belastung der Polizei, genaue Wohnungsangaben erhalten. Ferner wäre es gut, daß die Ziehmütter angewiesen würden, vierteljährlich die Kinder vorzustellen, da wir sie, vorzüglich im Sommer, oft nicht antreffen, es soll dies aber nicht die Besuche von Arzt und Pflegerin ausschalten. Ferner wäre es gut, auch die Verwandten unehelicher Kinder, was bis jetzt hier in Leipzig wie in vielen anderen Städten nicht der Fall ist, mit unter Controle zu stellen; gerade die Verwandten erhalten oft geringeres Ziehgeld und vernachlässigen dadurch das Kind. Für diese durch obige Einrichtungen hervorgerufene noch stärkere Belastung, bitte ich nur, mir die acut erkrankten Kinder abzunehmen und den Herren Armenärzten zuzuweisen. Durch die sehr große Vertheilung ist nur eine geringe Gehalt-Erhöhung der Herren nothwendig und würde auf diese Weise bedeutend weniger zu zahlen sein, als wenn ein besonderer Ziehkinderarzt angestellt würde. Ich kann auf diese Weise mein Hauptaugenmerk auf die Controle von Milch, Wohnung, Behandlung der gesunden und chronisch kranken Kinder richten, was ja der Hauptzweck der Ziehkinderanstalt sein soll. Die Ziehmütter werden durch diese Veränderungen nicht viel belastet, sie haben sämmtlich so viel Zeit und erhalten Ersatz durch Prämien und Feuerungszettel. Dringend wünschenswerth wäre es allerdings, wenn für die Ziehmütter und indirect die Kinder mehr als bisher gethan würde. Zu fordern ist, wenn das Kind gedeihen soll, daß Mutter und Ziehmutter sich verpflichten, das Kind wenigstens zwei Monate in derselben Pflege zu lassen; jeder Wechsel ist Gift für die Entwickelung. Wie aus einer früheren Statistik hervorgeht, findet jetzt der Wechsel häufiger statt, als das Verbleiben des Kindes; von den von mir aufgenommenen 245 Ziehkindern wurden 107 im Laufe des Jahres weggenommen. Manche Kinder haben in dem ersten Jahre vier Ziehmütter. Es ist unmöglich unter 10 Mk. für den Monat ein Ziehkind günstig zu entwickeln; anfänglich erhalten die Leute ihr Geld, später selten und weniger, zumeist können sie sich aber von dem Kinde nicht trennen, ich kann aber dann unmöglich verlangen, daß die Ernährung auf die vorgeschriebene Art stattfindet. Hier wäre es nur angebracht, durch Milchmarken nachhelfen zu können. Eine Betheiligung privater Vereine an der Ueberwachung der Ziehkinder widerrathe ich entschieden, dagegen Inanspruchnahme der öffentlichen Wohlthätigkeit durch Geldspenden, um den armen Opfern leichtsinniger Eltern vorzüglich im Sommer innerhalb der ersten Jahre Milchgenuß zu ermöglichen, wäre dringend nothwendig. Vielleicht ließe sich dann durch die immer mehr zunehmenden Kuhställe mit deren Besitzern eine Preisermäßigung herbeiführen.

Ebenso wünschenswerth ist für später die Gründung eines in beliebiger Gegend gelegenen kleinen Hauses oder besser kleinen Baracke, wo Ziehkinder für kurze Zeit untergebracht werden können, die entweder selbst erkrankt, nicht die beste Pflege haben oder sich in Familien mit ansteckenden Krankheiten befinden. Hier wäre ein Eingreifen des Staates angezeigt, da Leipzig nur durch sein Entbindungs-Institut mit dieser Menge von Ziehkindern überfluthet wird.

1883 sind 4433 eheliche und 856 unehelich Neugeborene.

90% werden im Entbindungs-Institut geboren.

Davon sind 80% nicht von Leipzig oder Umgebung.

Für jetzt bitte ich mir die obigen Punkte zu bewilligen:

1. Bestimmung eines Locales und Tages,
2. Zunahme der verwandten Kinder

und

3. Uebergabe der acut erkrankten Kinder an die Heren Armenärzte."

Dr. Taube.

⊙

Reg.

Leipzig, den 20. Mai 1884.

zc.

Anwesend

Herr Polizeidirector Bretschneider

„ Dr. Blaß

„ Dr. Taube

Der Unterzeichnete.

1.

Die polizeiliche Anmeldung der Ziehkinder durch die Zieheltern bleibt aufrecht erhalten; das Polizeiamt läßt dem Armenamte nach wie vor die dort bekannt gewordenen Veränderungen in der bisherigen Weise allvierzehntäglich zugehen.

2.

Alle diejenigen Einwohner, welche Ziehkinder in Pflege nehmen, werden verpflichtet, sie am nächsten Freitage, welcher der Inpflegenahme folgt, unter Vorlegung der vorhandenen Papiere zc. an Armenamtsstelle in der Zeit von $^1/_2$4—5 Uhr Nachmittag anzumelden. Erlaubt es das Wetter bez. der Gesundheitszustand der Kinder, so sind dieselben mitzubringen und vorzustellen.

Zur Durchführung dieser Vorstellung wird das Sitzungszimmer des Armendirectorii für diese Zeit bereit gestellt, auch ein Beamter zur Besorgung der schriftlichen Arbeiten zur Verfügung gehalten.

3.

In gleicher Weise und an dem nämlichen Orte werden Vierteljahres-Vorstellungen eingerichtet, zu denen die Zieheltern mittels Bekanntmachung vorgeladen und die Kinder mitzubringen aufgefordert werden.

4.

Die Behandlung der bei den Ziehkindern vorkommenden acuten Krankheiten wird den Herren Armenärzten innerhalb ihrer Districte übertragen und werden die Herren dafür durch Aufbesserung ihres Gehaltes um je 100 Mk. entschädigt, um dadurch die mit vielen Differenzen verknüpfte Anstellung eines zweiten Ziehkinderarztes zu vermeiden.

5.

Beim Rathe soll die Gewähr eines Berechnungsgeldes von 1000 Mk. aus dem Tauchnitz'schen Legatfond pro Jahr beantragt werden, um dadurch den Ziehkinderarzt in den Stand zu setzen, in geeigneten Fällen Milchmarken 2c. an die Zieheltern gewähren zu können.

6.

Sämmtlichen Zieheltern ist die Verpflichtung aufzuerlegen, das Ziehkind mindestens zwei Monate vom Tage der Inpflegenahme ab gerechnet in Pflege zu behalten.

7.

Sobald vorstehende Punkte die erforderliche Zustimmung gefunden haben, ist das frühere Regulativ über das Ziehkinderwesen einer Neubearbeitung zu unterziehen.

Nachr.

Ludwig-Wolf.

Bericht über das Jahr 1884.

Die Vorschläge, welche ich mir am 1. März 1884 bezüglich der Ziehkinderanstalt zu Leipzig vorzulegen erlaubte, sollten nicht eine Veränderung des Grundprincipes bewirken, welches sich über 30 Jahre bewährt hatte, sondern nur eine Anpassung an die jetzigen Zeitverhältnisse ermöglichen. Diese Umgestaltung war nothwendig geworden durch die rapide Vermehrung der unehelichen Kinder (gerade in Leipzig hauptsächlich vermittelt durch das Entbindungs-Institut) und die starke Vergrößerung unserer Stadt. Da die Ziehmütter besonders die entferntesten Theile bewohnen, war es mir nicht mehr möglich, alle acut erkrankten Kinder zu behandeln und zugleich sämmtliche Neuaufgenommene sofort zu besuchen. Als ferneren Nachtheil hob ich die Concentration der ganzen Buchführung auf meine Person hervor, und die späten und öfter unrichtigen polizeilichen Anmeldungen. —

Herr Stadtrath Ludwig-Wolf, welchem ich für die Mühe und das Interesse, welches er der neuen Einrichtung widmete, zum größten Danke verpflichtet bin, löste nach dem Beschlusse des Armendirectoriums die alte Anstalt auf und berief im Juni vorigen Jahres eine Deputation ein, welcher auch der Herr Polizeidirector angehörte, zur Prüfung meiner Vorschläge. Dieselben wurden sämmtlich angenommen und nur vor der Hand von der Herbeiziehung der bei Verwandten untergebrachten Kinder abgesehen.

Mehrfacher Hindernisse wegen konnte nicht sofort mit der neuen Einrichtung begonnen werden, so daß ich bis jetzt noch die Behandlung aller Kinder fortführen mußte, dagegen trat vom 1. October 1884 der Haupttheil unseres neuen Institutes ins Leben: die Ziehkinder-Expedition Freitags Nachmittags 3—5 Uhr auf dem Stadthause wurde zu dieser Zeit errichtet. Es ist hierdurch das Bindeglied zwischen Ziehkinderanstalt und Armenamt geschaffen, und das Fundament für eine genaue Controle und Statistik gegeben. Jedes in Leipzig aufgenommene Ziehkind, wenn es Wetter und Gesundheit erlaubt, soll womöglich persönlich von der Ziehmutter an dem der Aufnahme folgenden Freitag vorgestellt werden, es wird hier von mir untersucht und ein Registrator, welchem die ganze Buchführung fortdauernd übertragen ist, nimmt nach einem Schema die genauen Personalien des Kindes auf. Die Ziehmutter erhält darauf ein Ziehkinderbuch und die nothwendigen Anweisungen zur Verpflegung des Kindes. Die angestellte Pflegerin ist gleichfalls zugegen, und mache ich dieselbe stets auf Wachsthumsverschiedenheiten und krankhafte Anlagen aufmerksam. Ich lege ein Hauptgewicht auf die Festsetzung eines bestimmten Tages, weil bei der großen Anzahl unserer Ziehkinder so am besten eine Verbindung zwischen ihnen und uns hergestellt wird und am leichtesten die vielfachen Fragen Erledigung finden. Die Vorstellung des Kindes selbst erfordert schon vom Beginn die nothwendige Kleidung, Wäsche und Reinlichkeit. Um zur Erlangung einer genaueren Statistik für die hohe Regierung ein allseitiges Bekanntwerden zu ermöglichen, wurden gedruckte Anweisungen an das Standesamt, Polizeiamt und die Hebammen versendet, welche bei der Anmeldung unehelicher Kinder den Anmeldenden übergeben werden. Die Zusätze in die Listen der schon vorhandenen Kinder ergänzten wir dadurch, daß wir die Kohlenzettel, welche sonst von der Pflegerin und mir vertheilt werden, dieses Mal von den Ziehmüttern selbst auf der Expedition abholen ließen. Hierdurch wurde unser Institut so bekannt, daß wir die neuen Kinder spätestens gleichzeitig, öfter vor den polizeilichen Listen erhalten und die frühere Verschleppung auf mehrere Wochen vermieden ist. Die Freitags angemeldeten Kinder besuche ich innerhalb der nächsten 8 Tage in ihrer Wohnung, syphilitische Kinder werden sofort in das Krankenhaus geschrieben, auf gleiche Weise schlecht Behandelte und der Ziehmutter in letzterem Falle die Berechtigung, Ziehkinder zu halten, entzogen. Für das nächste Jahr ist schon die Anstellung einer 2. Pflegerin in Aussicht genommen, hierzu kommen meine Besuche, bei denen ich das Hauptgewicht auf die kleinsten Kinder lege, und nun noch die der Armenärzte, also dreifache Controle. Bei der Gründung der jetzigen Einrichtung hatte ich die vielleicht eintretende Einziehung der Vorstadtdörfer mit im Auge; es bedarf dann nur Freitags Hinzunehmen des ganzen Nachmittags und Einstellung besoldeter Pflegerin in jedem Dorfe.

Durch diese Umgestaltung unseres Institutes dürfte das erzielt werden, was überhaupt durch eine städtische Einrichtung erreicht werden kann.

Die Ziehmütter stehen unter strenger Beobachtung, Ungeeignete werden ausgeschaltet, kranke und syphilitische Kinder sofort gefunden und, falls die Mutter Amme, deren Herrschaft benachrichtigt. Die freie ärztliche Behandlung, Holz- und Kohlenzettel, sowie Prämien erleichtern die Ausführung. Das Wichtigste und für das ganze Ziehkinderwesen dringendste Erforderniß wird erfüllt, „die schnelle Durchführung der Eingänge an das Ziehkinder-Institut."

Die vorjährigen Mortalitätsprocente bestätigen wieder den Nutzen unserer Anstalt. Es sterben, wie ich nach der allgemeinen Statistik berechnete, nur $4^1/_2$ % uneheliche Kinder mehr als eheliche im 1. Lebensjahre. Einbegriffen sind hierbei sogar alle bei Verwandten und der Mutter selbst untergebrachten Kinder, welche nicht unter unserer Obhut stehen. Ein günstigeres Resultat ist nicht zu erzielen, es sterben in Leipzig 24 % eheliche Kinder zu $28^1/_2$ % uneheliche, während in anderen Städten 36 bis 50 % sterben. In einer jetzt erschienenen Arbeit: „La question de la population en France et a l'Étranger par Dr. Cheysson" schreibt der Verfasser pag. 14. „Pendant que sur 1000 de ces petits êtres âgés de moins d'un an, il meurt 155 enfants legitimes, il meurt 301 enfants naturels, soit exactement le double.

Si la mortalité des enfants naturels était la même que celle des enfants legitimes, on sauverait tous les ans près de 10,000 vies humaines."

Dieser Zusatz, sogar von Seiten eines Statistikers, charakterisirt zwar die allgemeine Volksstimme, doch kann die Mortalität der legitimen und illegitimen Kinder nie dieselbe sein. Dies beweist schon ein bisher nicht gewürdigtes statistisches Factum.

Eine Berechnung der Todtgeborenen der Bevölkerung im Jahre 1884 in Leipzig ergab für ehelich geborene 27 pro Mille, für uneheliche 46 pro Mille. Die Ursache hiervon liegt einerseits in der viel mehr als man glaubt verbreiteten Syphilis, andererseits in den ungünstigen Bedingungen der Schwangerschaft. Es wird also eine große Anzahl von unehelichen Kindern nicht lebensfähig, eine noch größere Anzahl aber geschwächt geboren. Der Vortheil einer mütterlichen Nahrung, welche für solche Naturen die einzige Hilfe zur Weiterentwickelung ist, fällt vollständig weg, also muß der Tod erfolgen. Ein günstigeres Resultat als 4—5 % über die ehelichen Kinder dürfte aus diesem Grunde nie zu erzielen sein. Die beste Ziehmutter verwendet bei solchen atrophisch angelegten Kindern ihre große Mühe vergebens, sie sterben gewöhnlich in

2—6 Monaten. Die Volksstimme macht allerdings gerade bei solchen Kindern, welchen der Typus einer schlechten Behandlung scheinbar aufgeprägt ist, die Pflegeeltern dafür verantwortlich, Ziehmutter und Engelmacherin sind nach ihr vollständig identisch. Wer sind nun eigentlich diese Ziehmütter?

So viele und vorzügliche Arbeiten auf diesem Gebiete in der Neuzeit geschrieben worden sind, lassen sie merkwürdigerweise die Hauptsache vollkommen unberücksichtigt, man sucht das Uebel im Allgemeinen zu verdecken, statt mit der Wurzel auszureißen. Ich stellte deshalb selbst, um zu einem Resultat zu gelangen, die nachfolgenden statistischen Erhebungen an:

Zieheltern.

Kaufmann, Beamter, Gewerbetreibender	128
Handarbeiter .	57
Wittwen	68

Es waren also nur 68 Alleinstehende, meistens Wittwen, welche öfter selbst noch Kinder besaßen, vorhanden und 185 verheirathete Frauen, deren Männer ein Gewerbe gelernt haben, also Familien, denen schon von vorn herein schwer zugetraut werden kann, daß sie mit Absicht ein menschliches Leben zu Grunde richten. Die größere Anzahl verheiratheter Frauen ist leicht erklärlich. Sie sind durch ihre Kinder und die Wirthschaft an das Haus gebunden und suchen sich diesen kleinen Nebenverdienst zu verschaffen. Mehr als häufig konnte ich aber auch beobachten, daß es ein wirkliches Bedürfniß der Frauen war, entweder weil sie kinderlos oder die eigenen Kinder älter, ein fremdes Kind zu erziehen. Schon durch die geringeren Existenzbedingungen besteht in den unteren Kreisen eine größere Neigung, Kinder aufzunehmen, als in den nur etwas höheren Ständen. Oefters ist die Aufnahme mehr als Leichtsinn. Eine Frau z. B. saß in der Pferdebahn einer Anderen mit einem Kinde im Arme gegenüber. Sie kommen in Unterhaltung und schließlich bittet sie Erstere, ihr uneheliches Kind in Ziehe zu nehmen. Bei der Anmeldung frage ich nach den Personalien, sie sind ihr gänzlich unbekannt und bis heute geblieben, trotzdem konnte sie sich nicht von dem Kinde trennen und theilte ihr geringes Einkommen mit ihm. Während meiner 10jährigen armenärztlichen Thätigkeit war mir die Achtung vor den unteren Schichten sehr gesunken, seit ich dem Ziehkinderwesen vorstehe, ist dieselbe vollständig wiedergekehrt, ich hätte nie geglaubt, diese Opferwilligkeit und Selbstlosigkeit zu finden. Die wirklichen Mütter versprechen viel und halten wenig, und kann ich heute nur noch in höherem Grade das bestätigen, was mein Vorgänger Dr. Meißner vor 5 Jahren in einem kurzen Berichte an das Armendirectorium schrieb, „die Zieheltern beziehen im Durchschnitt 182 Mark, in den meisten Fällen wurde dasselbe von der Mutter, in wenigen Fällen auch von dem Vater oder anderen Angehörigen, nur ganz selten von der Gemeinde bezahlt. Sehr häufig bleibt die Mutter mit der Zahlung im Rückstand, in etwa $1/_{10}$ aller Fälle hatten die Pflegeeltern die Kinder ganz umsonst an sich genommen."

Es schließt sich hieran die weitere Frage, sind die Mütter überhaupt in der Lage zu zahlen?

Mütter.

Im Institut niedergekommen	89
Gesellschafterinnen, Erzieherinnen, Dienstmädchen	128
Stickerinnen, Näherinnen, Verkäuferinnen .	48
Fabrikarbeiterinnen .	52
Kellnerinnen, Sängerinnen	18
Krankenwärterinnen	7
privatisirende Wittwen	2
bei den Eltern	18

Alter der Mütter zur Zeit der Geburt.

Jahren	14	16	17	18—20	20—24	24—26	26—28	28—32	32—36	36—52
	1	—	1	7	71	52	30	32	11	8

Summa 214.

Wievieltes Kind?

1. Kind 158, 2. Kind 46, 3. Kind 12, 4. Kind 3, 5. Kind 2. Summa 221.

Dieses Ergebniß ist vom moralischen Standpunkte äußerst deprimirend. Also dieser Theil der unteren Schichten, die Dienstmädchen, welche mit den Gebildeten in nächster Verbindung stehen und auf welche dieselben vor Allem ihren sittlichen Einfluß geltend machen sollten, werden hauptsächlich das Opfer ihres Leichtsinnes. Es handelt sich bei dieser Zusammenstellung nicht um spezifisch Leipziger Verhältnisse, sondern bietet gerade Leipzig durch das Entbindungsinstitut ziemlich richtige Durchschnittszahlen für die Gesammtheit. Es herrscht im Allgemeinen der Glaube vor, die rapide Zunahme der unehelichen Kinder sei darin eine Folge unserer Zeit, daß das Zusammenleben der Arbeiter und Mädchen in den Fabriken hierfür den Hauptgrund bilde. Aber gerade das Gegentheil ergiebt sich, die Hauptmasse der alleinstehenden weiblichen Bevölkerung, die Fabrikarbeiterinnen, bilden gegenüber den Dienstboten nur den 3. Theil. Der Grund dieser Thatsache ist nicht schwer zu finden. Die

Fabrikmädchen sind seit dem 14. Lebensjahre den schlechtesten Redensarten ausgesetzt, sie bekommen zeitig einen Einblick in das Geschlechtsleben und wissen durch genügende Beispiele, daß sie für die Ernährung des Kindes einzustehen haben, also übertönt bei ihnen Vorsicht den Leichtsinn.[1] Die Dienstmädchen dagegen sind zu unselbstständig, vertrauensvoll und oft sogar unschuldig, um sich der Folgen ihrer Handlungsweise klar zu werden. Pflicht der Herrschaft wäre es, nach .dieser Statistik diesen Gegenstand ohne Scheu zu besprechen. Die Zahl der reichlich vorhandenen Ladenmädchen ist als Mütter gleichfalls ziemlich gering. Bei ihnen macht sich der gleiche Grund, sowie die Scheu vor den Eltern, bei denen sie gewöhnlich wohnen, geltend. Es ist oft unbegreiflich, wie leichtsinnig die Betreffenden ihr Edelstes dahin geben; mit einem Mädchen, welches zum ersten Male fällt, muß man oft Mitleid haben, bei dem zweiten Kinde gebührt ihr das Arbeitshaus. Leider ist nach der obigen Zusammenstellung diese Zahl nicht zu gering. Hervorzuheben ist ferner, daß die Mütter in einem Alter niedergekommen waren, in welchem man auf eine größere Anwesenheit von Charakterstärke rechnen sollte.

Es ergiebt sich also jedenfalls als sicheres Resultat: „Die Kinder entstammen zum größten Theile Müttern, welche nicht im Stande sind selbstständig ihr Kind zu ernähren."

Ein Dienstmädchen erhält als höchsten Durchschnittslohn 120 Mk. pro Jahr, das Ziehgeld beträgt hingegen 180 Mk. Die Einnahmen eines Fabrik- und Ladenmädchens sind zwar etwas größer, die persönlichen Ausgaben aber bedeutend höher.

Wie stellt sich nun der Beitrag der Väter zur Erziehung des Kindes?

Von 159 Kindern bezahlen das Ziehgeld allein 23 Väter.

Bei 15 Kindern bezahlen es beide Eltern und bei 121 hatte die Mutter allein für den Unterhalt zu sorgen.

Welches sind nun die Erwerbsverhältnisse der Väter?

Stand der Väter.

Handwerker	71
Markthelfer, Handarbeiter .	22
Zimmermann, Maurer, Kutscher	17
Ökonomen	6
Diener, Kellner	16
Fabrikarbeiter, Cigarrenmacher, Buchdrucker, Schriftsetzer, Buchbinder &c.	11
Latus	143

[1] Hierzu kommen noch die frühzeitigen Ehen.

Transport	143
Künstler	5
Kaufleute .	34
Beamte	14
Lehrer, Gelehrte, Ärzte, Advocaten	10
Studenten.	7
Rentiers	4
Soldaten	14
Sergeanten, Feldwebel, Officiere	6
Summa	237

Hier gelangt man also zu dem vollständig entgegengesetzten Resultate. Von 237 Vätern sind nur 14 (Soldaten) vollkommen zahlungsunfähig, alle Anderen können ohne Nachtheil einen Theil ihres Einkommens entbehren. Auch hier bestätigt sich der obige Satz, daß Fabrikarbeiter den kleineren Theil bilden. Es ist also nicht ein nothwendiges Uebel, welches bestehen muß, sondern nur die alleinige Genußsucht, welche die große Zunahme der unehelichen Geburten in unserer Zeit bewirkt und hängt hiermit auch der hohe Procentsatz der syphilitischen Kinder zusammen.

Diese Erörterung unserer Leipziger Verhältnisse beweist sicher Folgendes:

Die unehelichen, von mittellosen Müttern geborenen Kinder sind bei Leuten untergebracht, welche sie trotz öfter mangelnden Ziehgeldes gut verpflegen, während die zahlungsfähigen Väter sich von ihrer Pflicht befreien.

Dieser letzte Umstand ist es allein, welcher die große Zunahme der unehelichen Geburten ermöglicht, und eine Abhilfe dringend fordert. Der häufige Mangel an Ziehgeld bringt die Hauptlast zuletzt auf ganz unbetheiligte Personen, die Zieheltern, wenn diese es dem Kinde auch nicht entgelten lassen, können sie doch durch Schmälerung ihres geringen Einkommens die nothwendige Nahrung nicht mehr bieten. Jedenfalls entsteht eine gerechte Erbitterung gegen die Eltern, vorzüglich den Vater des Kindes.

Im Jahre 1883 wurden im Deutschen Reiche 161294 uneheliche Kinder geboren. Rechne ich für das erste Jahr einen hohen Procentsatz von 50 % Sterblichkeit und für die nächsten Jahre 30 %, so besitzt Deutschland in zwanzig Jahren wenigstens eine Million uneheliche Kinder. Der Procentsatz der jetzt lebenden unehelich Geborenen ist schon äußerst hoch, bis in die spätesten Jahre haftet den Armen der Makel ihrer Geburt an und suchen dieselben fast stets, wie ich bei Krankencassenaufnahmen häufig beobachten konnte, ihre Abkunft zu verdecken.

Auf welche Weise sollte aber hier Einhalt und Abhilfe geschaffen werden?

Die Findelhäuser sind vom moralischen Standpunkte aus schon verworfen, doch auch vom volkswirthschaftlichen Gesichtspunkte würde ihre allgemeine Einführung in Deutschland äußerst gefährlich sein, ja wahrscheinlich den ersten Schritt zum Communismus bedeuten. Die obige Statistik zeigte, daß nicht die mädchenhafte Ehre und die Religion es ist, welche gewisse Stände von dem Leichtsinn zurückschreckt, sondern nur die Furcht vor der Ernährung des Kindes. Fällt dieser Factor durch Erbauung von Findelanstalten weg, so ergebe sich ein rapides Steigen der unehelichen Geburten und Abnahme der Heirathen in den unteren Ständen als unmittelbare Folge. Hierzu kommt der ungeheure Kostenaufwand von Seiten der Gemeinden. In Oesterreich werden die in dem Prager Findelhaus geborenen Kinder nach einigen Wochen oder Monaten zur Pflege auf das Land gegeben. Abgesehen von allen Kosten der Findelhäuser betrüge allein das Ziehgeld für 250000 Kinder jährlich 27500000 Mk., welches den Eltern geschenkt würde.

Cheysson schreibt loco cit.: „C'est là une grave considération à l'appui de l'excellent projet de loi dû à l'initiative de M. Bérenger Foucher de Careil et Schoelcher, sur la reforme de l'article 340 du Code civil et sur la recherche de la paternité“ .....

Man glaubt also in Frankreich durch Ausschaltung des bekannten Gesetzes zum Ziele zu kommen, ein vollständiger Irrthum, wie unsere geschilderten Verhältnisse beweisen. Zwei bisher nicht beachtete Umstände machen die Möglichkeit, den Vater heranzuziehen, illusorisch.

1.

In der Mehrzahl der Fälle will die Mutter überhaupt nicht klagen, um den betreffenden Vater des Kindes nicht gegen sich zu erbittern, denn sie ist immer noch in dem Glauben einer Heirath befangen. Ist endlich jede Hoffnung geschwunden und sind alle ihre Mittel erschöpft, so tritt ihr

2.

das Vormundschaftsgesetz hindernd entgegen. Ehe es ihr gelingt, einen Vormund zu finden, das Armuths-Attest zu erlangen und die Klage anzubringen, ist der Vater öfter verschwunden und das Kind gestorben. Ich verfüge über Fälle, in denen das Kind 3 Jahre alt ist und noch keinen Vormund besitzt, die Mutter desselben hat unterdessen das dritte Kind geboren, das erste ist bei armen Schuhmachersleuten untergebracht, welche noch nie Ziehgeld erhalten haben. Gewöhnlich wird als Vormund der erste Ziehvater gewählt, oft tritt Zank ein und der Vormund sieht das Kind nie wieder. Bei einem hier untergebrachten Kinde zahlt der vermögende Vater das Ziehgeld an einen Advocaten ein, dieser schickt das Ziehgeld nach Meiningen an den Pflegevater der Mutter und Vormund des Kindes, welcher einige Mark als Entgelt behält und es dann wieder hierher zu seiner Tochter schickt; auch diese ist oft in Geldnoth und die Ziehmutter erhält das Wenigste. Weinend erbat sich vor einigen Wochen ein dreißigjähriges Dienstmädchen Rath, welches sich und ihr Kind durch Nachtarbeit in einer Buchdruckerei ernährt, auf welche Weise sie den Vater des Kindes, welcher ihr die Ehe versprochen, belangen könnte, sie kannte absolut Niemanden, den sie als Vormund wählen konnte. Für ein uneheliches Kind hat ein Vormund nur formelle Bedeutung, öfters sogar Schaden.

Bei der Gründung unserer neuen Einrichtung richtete ich auf diese Verhältnisse vor Allem mein Augenmerk, denn täglich müssen wir Klagen über das mangelhafte Eingehen des Ziehgeldes anhören, ohne abhelfen zu können. Es kam mir vor Allem darauf an, zu erfahren, ob es sich durchführen ließe, Genaueres über die Väter festzustellen. Es ist uns dies nach der obigen Zusammenstellung vollkommen gelungen, falls die betreffenden Ziehmütter es nicht wußten oder nicht wissen sollten, wurde der Name im Couvert von der Mutter des Kindes an die Ziehkinderexpedition geschickt. Es bedarf daher, um die Heranziehuug der Väter zu ermöglichen, nur Folgendes:

Das erweiterte Ziehkinderamt erhält für die unehelichen Kinder vormundschaftliche Berechtigung; bei Anmeldung eines Kindes sofort nach der Geburt, wird der angegebene Vater vorgefordert und wird sich derselbe durch den gesetzmäßigen Hintergrund des Amtes fast stets zur Zahlung verpflichten. Nichtzahlung bedingt Execution, Leugnen des Vaters sofortige Abgabe der Klage an das Gericht von Seiten des Amtes.

Es dürfte daher die den gegebenen Verhältnissen angemessenste und billigste Einrichtung Folgende sein:

Eintheilung des Landes in Ziehkinderbezirke mit je einem Ziehkinderamt, anlehnend an das Standesamt oder Armenamt. Feststellung der Eltern durch das Amt, die Zahlung des Ziehgeldes kann durch dasselbe vermittelt werden, z. B. bei verschiedenem Wohnort von Vater und Mutter, es tritt dann ein Amt für das andere ein. Dazu Ernennung eines älteren Arztes als Ziehkinderarzt des Bezirkes, demselben sind sofort die Kinder vorzustellen, die Behandlung erfolgt durch ihn oder in größeren Städten durch die Armenärzte. Ein älterer Arzt an der Spitze ist wegen der vielfach vorkommenden Fragen, welche nur durch die Erfahrung entschieden werden können, wünschenswerth. Auf wie hoch hat sich nun der elterliche Beitrag zu belaufen? Ich ließ zu diesem Zwecke viele Ziehmütter Berechnungen über ihre Baarausgaben anstellen, nach denselben und von mir selbst gemachten Controlversuchen belaufen sich die baaren Auslagen pro Woche auf:

Essen (Milch, Semmel)	1 Mk.	60	Pf.
Seife	—	15	„
Kohle, Spiritus, Sauger, Flasche	— „	60	„
Summa	2 Mk.	36	Pf.

pro Monat 10 Mark 46 Pf.; abgerechnet Logis, Abnutzung des Korbes ꝛc. ꝛc. Bei 15—16 Mark Ziehgeld ein geringer Reingewinn für die schlaflosen Nächte und die große Mühe, 2 Mk. wöchentliche Abgabe von dem Vater, 1 Mk. 50 Pf. von der Mutter, sind von beiden Theilen zu entbehren und sichern am besten die gute Pflege des Kindes. Eine Ziehmutter, welche ihr Ziehgeld erhält, behandelt schon des geringen Nutzens wegen das Kind gut. Auch für die bei Verwandten untergebrachten Kinder wäre diese Einrichtung durch die Sicherung des väterlichen Ziehgeldes äußerst nutzbringend. Ueberhaupt ist es dringend nothwendig, die Controle auf alle unehelichen Kinder, vorzüglich die bei Verwandten wohnenden, auszudehnen, hier findet leichter eine Vernachlässigung statt als durch Fremde. Ein uneheliches Kind sollte an einem solchen Amte eine gewisse Stütze erhalten, freies Schulgeld könnte hierdurch leicht vermittelt werden und die Controle wäre bis zur Lehrzeit fortzuführen. Die Namen der Eltern müssen, wie dies auch bei uns geschieht, streng geheim gehalten werden und ist eine Verpflichtung in dieser Hinsicht nothwendig. Eine allgemeine Gründung solcher Ziehämter dürfte einen moralischen Einfluß auf die gesammte Bevölkerung nicht verfehlen. In den unteren Schichten wird sich mancher Vater zur Heirath, wenn er einmal für das Kind mit zu sorgen hat, entschließen, in den anderen Ständen wird dadurch der frivole Leichtsinn, mit welchem die Verführung eines Mädchens betrachtet wird, sicher etwas nachlassen.

Wem soll nun die Inspection der Kinder außer den Aerzten anvertraut werden? Trotz der guten Meinung, welche ich von den Ziehmüttern erlangt habe, ist eine weibliche Nebencontrole dringend wünschenswerth, hauptsächlich für den Beginn der Aufnahme. Unkenntniß, verbunden mit Nachlässigkeit, bringt oft durch geringe Fehler, Milchsäuregährung ꝛc. ꝛc. das kindliche Leben in Gefahr. Das Bewußtsein, eine Controle hinter sich zu haben, mahnt schon zur Vorsicht.

Vom 1. October 1884 bis 15. Februar 1885 befanden sich bei uns 282 Kinder eingeschrieben, davon sind: an andere Orte entlassen 47, gestorben 18, noch vorhanden 217; es wird also bis Ende dieses Jahres die Zahl von 500 eingeschrieben gewesenen Kindern ziemlich erreicht werden.

Gestorben sind: an Krämpfen 8, Keuchhusten und Krämpfen 1, Lebensschwäche 4, Syphilis 2, Tuberkulose 2, Masern und Tuberkulose 1.

Es starben:	2 im	1. Monat		1 im	8. Monat
	5	2.		1	10.
	2	3.		1	15.
	1	5.		1	17.
	1	6.		1	22.
	1	7.			

Das Gesammtalter der Kinder war Folgendes:

Alter der 276 Kinder.

Jahren	1/4	1/2	3/4	1	1 1/4	1 1/2	1 3/4	2	3	4	5	6
	44	33	32	21	22	18	14	6	31	21	20	14
	109							92				
	184											

Wir finden also, daß die Hauptmenge der untergebrachten Kinder (184) sich unter dem zweiten Jahre befindet, später, wo sie weniger Pflege erfordern, kommen sie oft zu Verwandten oder der Mutter selbst. Es handelt sich daher bei einer Controle so kleiner Kinder zum geringsten Theile, wie bei älteren Kindern hauptsächlich um Reinlichkeit und moralische Erziehung, sondern um Unterstützung des Wachsthums, die Nahrungsfragen des Kindes. Wer also controlirt, muß einen solchen Einblick in diesen Mechanismus des menschlichen Körpers erlangt haben, daß er falsche Methoden sofort erkennen, richtige an ihre Stelle setzen und den vielfachen Fragen der Ziehmütter Aufschluß geben kann. Ein Theil dieser Kenntnisse ist durch eine gedruckte Unterstützung zu erlangen und wäre es wünschenswerth, jeder Pflegerin eine kurze populär gehaltene Einführung in ihren Beruf in die Hand zu geben, schon um den Ziehmüttern zu erklären, warum Manches nicht geschehen soll, wie Wickeln der Kinder, Zulpe rc. In den theoretischen Besitz dieser Gegenstände kann sich eine jede Pflegerin setzen, dagegen wird nie eine freiwillige Pflegerin, welcher stets nur wenige Kinder untergestellt sind, eine richtige Beurtheilung der wirklichen Lebensverhältnisse erlangen. Hierzu müssen Hunderte von Kindern beobachtet werden, dann erst beginnt man Ziehmütter zu beurtheilen, Wahrheit und Heuchelei unterscheiden und schlecht gepflegte von kranken Kindern trennen. Es ist ein schwerer und anstrengender Beruf, bei welchem dieselben Kräfte möglichst lange zu erhalten sind und dies ist nur bei angestellten weiblichen Pflegerinnen zu erreichen. Es geht eine genaue Kenntniß der Zieheltern bei der freiwilligen Pflege durch die Einzelbeobachtungen verloren. Eine freiwillige Pflege muß sich in eine viel bedeutendere Anzahl von Districten theilen, als es bei einer fest angestellten Pflegerin nothwendig ist. Bei dem überaus häufigen Wechsel des Kindes, bei oft drei Ziehmüttern im Jahre, wird das Kind die verschiedensten Pflegerinnen erhalten und zwar solche, bei denen die Gefahr mehr als nahe liegt, eigene Auschauungen aus ihrem Privatleben auf das Kind zu übertragen, nicht nur wie die festangestellten Pflegerinnen, den Buchstaben der Verordnungen zu befolgen. Nichts ist aber gefährlicher, für diese kleinsten Kinder, als einseitige Anschauungen, für diese Kinder gilt als Grundsatz, sie auf der Stufe der Kinder des besseren Arbeiterstandes zu erziehen. Bei dem Charakter des weiblichen Geschlechtes, vor Allem mit dem Gefühl zu urtheilen, steht ein eigenmächtiges Eingreifen in Krankheitsfällen ꝛc zu befürchten. Für große Städte eignet sich eine freiwillige Pflege am allerwenigsten. Die Kinder sind in den größten Entfernungen untergebracht, den entlegensten Vorstädten, fast stets vier Treppen hoch. Für ältere Damen eine viel zu große Anstrengung, junge unverheirathete Damen der besseren Stände können ebensowenig die Controle übernehmen. Es bleibt also nur ein nicht zu großer Theil von passenden Damen, über deren etwaige Wirksamkeit ich mir kein Urtheil anmaßen will, aber nur hervorheben möchte, daß vor 30 Jahren eine solche freiwillige Pflege in Leipzig bestand und trotzdem das Capital zur Anstellung eines besoldeten Arztes und besoldeten festangestellten Pflegerin vermacht wurde. Eine besoldete Pflegerin muß ihr Schuldigkeit thun, weil eine Nichterfüllung ihrer Pflichten gleichbedeutend ist mit dem Verluste ihrer Stellung. Eine Geheimhaltung der elterlichen Verhältnisse wird bei der freiwilligen Pflege gleichfalls sehr erschwert. Da die meisten Zieheltern verheirathet waren, erscheint es für dieselben keineswegs angenehm, fortdauernd ihre häuslichen Verhältnisse durch fremde, mehrfach wechselnde, insbesondere höheren Kreisen angehörende Damen bloßgestellt zu sehen, während eine bezahlte Pflegerin, von der sie wissen, daß es in Folge ihrer amtlichen Stellung ihr Lebensberuf ist, viel leichter ihr Vertrauen erlangt. In Leipzig fordern die Ziehmütter so oft als möglich unsere Besuche. Ich fürchte nach meinen Erfahrungen, daß bei Einführung freiwilliger Pflege ein großer Theil der besten Ziehmütter verloren geht. Es finden sich in Stadt und Land überall Frauen, welche gegen Bezahlung solche Stellen übernehmen, und wären vielleicht gerade Albertinerinnen, welche von ihrem

Berufe Abschied genommen haben, ihrer gediegenen Kenntniß wegen zu bevorzugen. Eine Verbindung zwischen Behörden, Arzt und Pflegerin, wie es unsere Freitagsversammlungen ermöglichen, ist bei freiwilliger Pflege nicht möglich.

Diese Betrachtungen entspringen keiner Antipathie gegen die freiwillige Armenpflege, deren Hochherzigkeit und Selbstverleugnung ich vor Allem anerkenne, nur bei den Ziehkindern muß ich den segensreichen Einfluß leugnen.

Ein Fall von Kindesmord, welcher in den letzten Wochen vor Gericht spielte, trieb mich dazu, daß ich es wagte, die obigen Erörterungen, welche ich eigentlich später in einer wissenschaftlichen Zeitschrift zu veröffentlichen gedachte, der hohen Regierung vorzulegen, und bitte ich, die Mängel der Arbeit durch die Kürze der Zeit zu entschuldigen, da ich erst nach dem 15. Februar mit den statistischen Aufstellungen beginnen konnte.

Leipzig, den 27. Februar 1885.

Dr. med. Taube.

Bericht über das Jahr 1885.

Ich erlaubte mir in dem vorjährigen Berichte über die Nachtheile des bestehenden Vormundschaftsgesetzes für die unehelichen Kinder aufmerksam zu machen. — Um einen genaueren Einblick zu gewinnen, stellte ich Untersuchungen bei den jetzt vorhandenen Kindern über den jedesmaligen Vormund an. Die Auskünfte waren sehr mangelhaft, die genaue Adresse des Vormundes zuerst meistens nicht bekannt. — Von 193 Kindern war der Vormund bei 27 der Ziehvater, bei 13 Verwandte in Leipzig, bei 55 Fremde in Leipzig, also 95 in Leipzig wohnhafte Personen; bei 42 Verwandte auswärts, bei 27 Fremde auswärts, also 69 außerhalb Leipzigs wohnhaft; 19 besaßen keinen Vormund und bei 10 Kindern war er unbekannt, von 51 Kindern besuchte der Vormund

9 Kinder	3 Kinder	11 Kinder	2 Kinder	26 Kinder
oft,	manchmal,	selten,	schreibt,	nie.

An früherer Stelle habe ich schon auf den großen Wechsel, welcher bei der Unterbringung unehelicher Kinder stattfindet, hingewiesen. Von den 415 unehelichen Kindern, welche ich von meinem Vorgänger übernahm, befinden sich seit dem Jahre 1883 nur noch siebzehn in unserer Controle. Die betreffenden Frauenspersonen kommen am liebsten in großen Städten nieder; haben aber ihre Eltern und Verwandte die Niederkunft erfahren, so zwingt sie bald die Noth ihr Kind außerhalb der Stadt bei Verwandten, vorzüglich den Großeltern um billiges Ziehgeld unterzubringen. Die beklagenswerthesten Scenen kommen uns fast allwöchentlich zu Gesicht, wenn sich auf diese Weise die Zieheltern von dem liebgewordenen Kinde trennen müssen.

Die obige Statistik und dieser angeführte Wechsel ergiebt also mit Sicherheit, daß 50 % der Vormünder, auch wenn sie ihrer Pflicht nachkommen wollten, es wegen der baldigen Entfernung des Kindes nicht mehr könnten.

Andererseits sind die anderen 50 % gerade im Beginne durch ihre Abwesenheit nicht im Stande, die wichtige Unterstützung für die Verpflichtnng des Vaters zum Ziehgelde zu gewähren.

Ich muß deshalb als wichtiges Ereigniß für unsere Ziehkinder-Anstalt einen Erlaß des hohen Justiz-Ministeriums anführen, welcher in Folge eines Auszugs meines vorjährigen Berichtes in der wissenschaftlichen Beilage der Leipziger Zeitung eine Untersuchung dieser Angelegenheit durch das hiesige Obervormundschaftsgericht anordnete. Falls die Pläne, welche bei einer Conferenz mit Herrn Oberamtsrichter Mansfeld, Herrn Stadtrath Ludwig-Wolf, Herrn Polizeidirector Bretschneider und mir von Herrn Oberamtsrichter Mansfeld vorgetragen wurden, durch das hohe Ministerium zur Ausführung kommen sollten, so würde (als wichtigster Erfolg) der Vorsitzende des Armenamtes als Vormund der unehelichen Kinder der Ziehkinderanstalt fungiren.

Die weitere Ausführung wäre dann mehr eine Sache der praktischen Erfahrung, doch würde wohl vorzüglich in zwei Richtungen vorgegangen werden können.

Entweder es werden, und zwar dann, wenn auch in anderen Bezirken gleiche Einrichtungen getroffen werden, sämmtliche uneheliche Kinder der Anstalt untergestellt, bei der Anmeldung auf dem Standesamte erfolgt dann die Anweisung der sofortigen Anmeldung auf dem Stadthaus und sobald die Mutter ausgehen kann, muß sie genaue Auskunft über den Vater geben; derselbe wird, wenn er in Leipzig wohnhaft ist, mündlich vernommen, und muß sich zur Zahlung urkundlich verpflichten, so daß bei Nichtzahlung sofort Execution vollstreckt werden kann oder ein bestimmter Rechtsanwalt mit der Klage betraut würde.

Als zweiter Weg, mehr dem jetzigen Rahmen der Anstalt gemäß, würde bei der Anmeldung auf dem Standesamte den Müttern durch eine gedruckte Zuweisung eröffnet, daß bei ihrem Verbleiben in Leipzig ihr Kind unter der Vormundschaft der Stadt stände und eine sofortige Anmeldung nothwendig sei.

Diese Einrichtung müßte für Mutter und Kind die bedeutendsten Vortheile bringen. Das lange Suchen nach einem Vormunde fällt weg, die zeitraubende Ausstellung des Armuthszeugnisses ist nicht mehr vorhanden, das gerichtliche Verfahren, falls es überhaupt nothwendig, wird mit geringen Kosten äußerst beschleunigt. Eine Benachtheiligung des Kindes, wie wir sie jetzt öfter erleben, ist dann vollkommen ausgeschlossen. Ein unehelicher Vater zahlte z. B. kürzlich eine Summe an die Mutter zur Erziehung des Kindes aus. Dem betreffenden Vormunde war es vollkommen gleichgültig, daß die Mutter mit einem anderen Manne das Geld vergeudete, ohne das geringste von dem über ein Jahr rückständigen Ziehgelde zu bezahlen.

Für die ganze spätere Lebenszeit würde dem Kinde der Nutzen dieser Einrichtung zu Gute kommen. Wie ich schon früher hervorhob, klagen die Mütter spät und ungern, im Anfang sind, vorzüglich bei Ammen, noch genügende Mittel vorhanden, das Kind unterzubringen. Später scheuen sie sich zu klagen, der Vater ist fort und das Kind wird bei Verwandten auf dem Lande nothdürftig durchgebracht. — Bleibt das Kind jetzt in Leipzig, so muß die Mutter im Beginne schon den Vater heranziehen und derselbe sich verpflichten, dem Gesetze gemäß zu zahlen, das Kind behält dadurch bis zu seinem vierzehnten Jahre eine Unterstützung, welcher es sonst sicher verlustig gegangen wäre.

Es ist uns schon jetzt mehrfach gelungen, den Vater durch Zureden zur Zahlung zu bewegen. In dem einen Falle war derselbe vergebens verklagt worden, während er jetzt fortdauernd seinen Beitrag zahlt.

Die größere Inanspruchnahme eines städtischen Beamten zu diesem Zwecke, also eine geringe Mehrausgabe des Budgets, würde dadurch baldigst ausgeglichen werden, daß eine Abnahme der unehelichen Kinder in der Waisenpflege sich bemerkbar machen müßte.

Bei einer allgemeinen Einführung würde ein geringer Zuschuß aus Staatsmitteln dem Staate nur einen Bruchtheil der Ausgaben bei Einführung von Findelhäusern kosten, welche von einigen Ländern, die unsere Einrichtung nicht kennen, wegen der großen Sterblichkeit der unehelichen Kinder geplant wird.

Eine billigere Einrichtung als dieses Leipziger Institut, welches zugleich durch die schnelle Ermöglichung der Heranziehung des Vaters für die allgemeine Moral von größtem Nutzen sein würde, dürfte, falls das hohe Ministerium seine Zustimmung giebt, nicht aufzufinden sein. Fälle sind hierdurch sicher zu verhüten, welche uns leider oft genug zur Beobachtung kommen, daß ein Mann zu gleicher Zeit, ohne seine Verpflichtung zu erfüllen, mehrere Frauen betrügt.

Dr. Taube.

II.

Ein Auszug aus diesen Berichten, welchen ich in der Leipziger Zeitung veröffentlichte, erregte die Aufmerksamkeit der hohen Staatsregierung und wurde die Ursache, daß Se. Excellenz Herr Staatsminister von Abeken dem Leipziger Ziehkinderverein die vormundschaftlichen Veränderungen ermöglichte. Es wurde zwar hervorgehoben, daß nach dem bestehenden Recht die Mutter selbst zu klagen berechtigt ist, für die Vergangenheit ohne Concurrenz eines Vormundes, für die Zukunft nur lediglich mit Genehmigung des Vormundschaftsgerichtes.

Dem mußte ich aus dem Leben heraus entgegnen, daß bis zu der Geburt eines Kindes keine Mutter daran denkt, gerichtliche Ansprüche geltend zu machen, weil sie erst spät durch die Noth zu diesem Schritte gedrängt, so mangelt ihr eine jede Kenntniß des betreffenden Gesetzes, sie wählt dann zuerst einen Vormund und es beginnt zu Gunsten des Vaters die geschilderte Verschleppung. Se. Excellenz ließ sich von einer Leipziger Deputation genauen Bericht über die hiesigen Verhältnisse erstatten und sicherte unseren Bestrebungen die möglichste staatliche Hülfe zu, „er hoffte auch auf dem Boden des bestehenden Rechts unter Benutzung der in dem Aufsatze gegebenen Winke Maßnahmen zu treffen, von denen bei geschickter und opferwilliger Handhabung Abhülfe wenigstens eines Theiles der gerügten Uebelstände erwartet werden könnte."

Diese Ansicht des nun Dahingeschiedenen, welcher sofort mit klarem Blicke die Nothwendigkeit des staatlichen Eingreifens erkannte und den Grundstein zur Verbesserung des Schicksals der unehelichen Kinder legte, hat sich im vollsten Umfange, wie die späteren Ausführungen beweisen werden, bewahrheitet. —

Der 1. November 1886 war ein ereignißvoller Tag nicht nur für die Leipziger Ziehkinderanstalt, sondern für das Ziehkinderwesen im Allgemeinen. An diesem Tage wurde von Hrn. Oberamtsrichter Mansfeld Hr. Stadtrath Ludwig-Wolf als Generalvormund sämmtlicher unehelicher Kinder, welche in Leipzig bei fremden Familien gegen Ziehgeld untergebracht sind und noch in Pflege kommen werden, verpflichtet. Hr. Oberamtsrichter Mansfeld betonte in seiner Ansprache die Wichtigkeit der neuen Organisation und hob vor Allem hervor, daß Se. Excellenz Herr Staats- und Justizminister Dr. v. Abeken der Sache von Haus aus ein warmes und förderndes Interesse entgegengebracht habe und dasselbe, wie er versichern könne, noch jetzt bekunde. Sr. Excellenz sei man hierfür zu besonderem Danke verpflichtet. Das Armenamt nnd das Vormundschaftsgericht könnten ihren Dank hierfür nur dadurch bethätigen, daß die getroffenen Bestimmungen in allen Beziehungen und mit größter Sorgfalt zur Ausführung gebracht werden. Er, Oberamtsrichter Mansfeld, verspreche, dafür Sorge zu tragen, daß prompte Justiz geübt werde. Hr. Stadtrath Ludwig-Wolf erklärte nach Abnahme des Handschlags, daß er Alles, was in seinen Kräften stände, thun werde, um den an ihn gestellten Anforderungen gerecht zu werden, und er spreche der Obervormundschaft seinen Dank für das versprochene Entgegenkommen aus. „Es ist ein Versuch, der jetzt in Leipzig unternommen wird, welcher möglicher Weise für das ganze Land legislatorische Aenderungen nach sich ziehen wird. Wünschen wir Alle, wie wir sicher hoffen, daß sich recht viele günstige Resultate ergeben möchten.

Als Geschäftsordnung galten die nachfolgenden Bestimmungen:

I.

Von Bestellung eines Mitvormundes im Sinne des § 1960 des B.G.Bchs. und zwar in einer der Ziehkinder-Anstalt näherstehenden und von der zuständigen Verwaltungsbehörde auszuwählenden Person ist abzusehen, da zu befürchten steht, daß bei dem Vorhandensein mehrerer Vormünder, die in der Erfüllung ihrer Pflichten zum Theil auf einander angewiesen sind, der Zweck der Sache nicht erreicht und das ganze Verfahren nicht vereinfacht werden würde.

II.

Für die der Aufsicht der Ziehkinder-Anstalt zu Leipzig zu unterstellenden, außer der Ehe geborenen Kinder wird bis auf Weiteres der jeweilige Vorstand des Armenamtes zu Leipzig, dermalen Herr Stadtrath Ludwig-Wolf daselbst als allgemeiner Altersvormund im Sinne von § 1875 des B.G.Bchs. und zwar ausnahmslos für die Dauer der vermittelnden Fürsorge und Aufsicht der gedachten Anstalt bestellt.

III.

Wird ein Kind, für welches bereits ein allgemeiner Altersvormund bestellt worden, später der Aufsicht der Ziehkinder-Anstalt unterstellt, so ist der bereits bestellte Vormund seiner Function zu entlassen, und hat alsdann das Verfahren unter II einzutreten.

Vor Bestellung eines Vormundes ist in jedem Falle festzustellen, ob das betreffende Kind in der Ziehkinder-Anstalt sich befindet. Ist letzteres der Fall, so ist von der Verpflichtung des Vormundes abzusehen.

Auch ist jedem Vormunde bei seiner Verpflichtung für ein außereheliches Kind bekannt zu geben, daß sich seine Function durch etwaige spätere Unterbringung seines Pflegebefohlenen in der Ziehkinder-Anstalt Leipzig von selbst erledige.

IV.

Die vermittelnde Fürsorge und Aufsicht der Ziehkinder-Anstalt erreicht ihre Endschaft mit

a) dem Ableben des Kindes,
b) der Ehelichsprechung desselben,
c) der Adoption desselben,
d) der Verheirathung der Mutter des Kindes mit dem natürlichen Vater (Schwängerer),
e) der Entlassung des Kindes aus der Anstalt, dafern dieselbe aus irgend einem anderen Grund als den vorher unter a bis mit d aufgeführten stattfindet.

V.

In den Fällen unter IV. — somit bei Beendigung der Fürsorge und Aufsicht der Ziehkinder-Anstalt — ist von dieser Anstalt dem Vormundschaftsgerichte Anzeige unter Angabe des Grundes und zwar allmonatlich zu erstatten.

VI.

Die der Ziehkinder-Anstalt vorgesetzte Verwaltungsbehörde (das Armenamt Leipzig) hat **mit** dem Inkrafttreten dieser Bestimmungen ein Verzeichniß der sämmtlichen der Fürsorge und Aufsicht der gedachten Anstalt unterstellten, außer der Ehe geborenen Kinder an das Vormundschaftsgericht Leipzig gelangen zu lassen, und das Letztere hat nach Maßgabe obiger Bestimmungen unter II und III das Weitere zu verfügen.

Ueber die **nach** dem Inkrafttreten vorersichtlicher Bestimmungen in der Ziehkinder-Anstalt zur Aufnahme gelangenden Kinder sind von dem Armenamte Leipzig allmonatlich Verzeichnisse dem Vormundschaftsgerichte Leipzig vorzulegen.

VII.

An den von den Standesämtern des Amtsgerichtsbezirks Leipzig einzureichenden Uebersichten über uneheliche Geburten wird durch die vorstehenden Bestimmungen etwas nicht geändert, es sind aber die Standesämter anzuweisen, die stattgefundenee oder stattfindende Aufnahme eines Kindes in der Ziehkinder-Anstalt Leipzig, soweit dieselben hiervon Kenntniß erhalten haben, in der Uebersicht entsprechend anzumerken.

VIII.

Erwirbt ein außer der Ehe geborenes, in der Ziehkinder-Anstalt untergebrachtes Kind Vermögen, so liegt dem nach Punkt II zu bestellenden

Vormunde die Verwaltung desselben nach Maßgabe der hierüber bestehenden gesetzlichen Vorschriften, jedoch mit der Erweiterung ob, daß von ihm dem Vormundschaftsgerichte nicht alljährlich, sondern lediglich bei der nach Punkt IV eintretenden Beendigung der Vormundschaft Rechnung zu legen, im übrigen aber Caution irgend welcher Art nicht zu bestellen ist.

IX.

Zur Herbeiführung eines einheitlichen Verfahrens und um dem nach Punkt II zu bestellenden Vormunde alle mit der Uebernahme dieser Function verbundenen Mühwaltungen möglichst zu vermindern und den Geschäftsgang zu vereinfachen, werden alle in Gemäßheit der vorstehenden Bestimmungen zu treffenden geschäftlichen Einrichtungen sowohl als auch alle vormundschaftsgerichtlichen Handlungen selbst lediglich der Entschließung des jeweiligen Vorstandes der vormundschaftsgerichtlichen Geschäftsabtheilung des Amtsgerichts Leipzig unterstellt und es bleibt insonderheit diesem überlassen, abweichend von der dermalen für diese Abtheilung bestehenden Geschäftsordnung, die über die in der Ziehkinder-Anstalt untergebrachten außerehelichen Kinder eingeleiteten Vormundschaften seinem eigenen Decernate vorzubehalten, und dieselben nach dem Eintritte des Zeitpunktes unter Punkt IV, an den nach der Geschäftsordnung zuständigen Decernenten zur weiteren Fortführung abzugeben.

Um die Neugestaltung zu ermöglichen, mußte Herr Oberamtsrichter Mansfeld über 200 Vormünder vorladen und ihnen ihre Entlassung anzeigen, andererseits fand von Seiten des Ziehkinderamtes eine Vorführung sämmtlicher Mütter statt, um über den väterlichen Beitrag Klarheit zu gewinnen.

Sechs volle Jahre sind seit diesem Tage verflossen. Die Zahl der in Leipig beaufsichtigten unehelichen Kinder ist durch den Anschluß der Vororte von 400 Kindern auf 2006 (1892) gestiegen, so daß ein noch nirgends vorhandenes Material vorliegt. Herr Stadtrath Ludwig-Wolf führte bis zum Jahre 1891 die Generalvormundschaft und suchte dann auch ferner durch Vorträge auf den sächsischen Gemeindetagen eine Weiterverbreitung derselben zu erzielen. An seine Stelle trat Herr Stadtrath Hentschel, welcher unserer Institution das gleich große Interesse entgegenbrachte und ihren Abschluß, sowie wichtige Neuerungen ermöglichte.

Gebe ich ein kurzes Bild der jetzigen Ziehkinderverhältnisse, so wurde der vermehrten Kinderzahl eine Vergrößerung der Anstalt angepaßt. Ein Beamter ist vollständig jetzt durch die unehelichen Kinder in Anspruch genommen. Führung der Listen, Vorladung der Mütter, Vorladung der

Väter, Beaufsichtigung der rechtzeitigen An- und Abmeldung des Kindes durch die Ziehmütter, Controle und etwaige Bestrafung derselben, Führung der Vormundschaftslisten erfordert besonders an den Quartalswechseln noch außerordentliche Hülfe. — Die Beaufsichtigung erfolgt durch 6 Pflegerinnen, gebildeten Damen, welche als Beamte für diesen Beruf angestellt sind. — Für 2 Vororte wurde ein Arzt als Ziehkinderarzt angestellt, besonders um die ersten Besuche auszuführen, doch habe ich bei den letzthinzugekommenen Vororten gerathen, der Kostenersparniß wegen davon abzusehen, die Pflegerinnen sind jetzt so angelernt, daß sie vollständig dazu befähigt sind, auch die ersten Controlbesuche auszuführen und mir und dem Beamten schlechte Verpflegung sofort melden, wodurch schnelle Abhülfe geschafft wird, wegen der fortdauernden Communication mit Pflegerin und Amt ist es wünschenswerth, daß sich die ärztliche Leitung nur in einer Hand befindet. — Von großem Nachtheil zeigte sich § 1 des alten Regulativs für Ziehmütter. „Die Fürsorge und Aufsicht erstreckt sich auf alle gegen ein festgesetztes Ziehgeld bei fremden, nicht verwandten Personen untergebrachten unehelichen Kinder." Wie wir immer öfter sehen, erhalten gerade bei Verwandten die Kinder oft die schlechteste Pflege, andererseits suchen schlechte Elemente unter den Ziehmüttern sich manchmal der Controle durch die falsche Angabe zu entziehen, daß sie das Kind unentgeltlich bei sich aufgenommen hätten, was zwar häufig als der Wahrheit nicht entsprechend festgestellt wird. Um wenigstens etwas abzuhelfen, wurde § 1 folgendermaßen gefaßt:

„1. Die Fürsorge und Aufsicht des Armendirectoriums erstreckt sich auf alle gegen Entgelt in Leipzig untergebrachten unehelichen Kinder. Ausgenommen sind nur die bei der Mutter oder deren Eltern untergebrachten Kinder. Sie endigt mit deren Aufnahme in eine Schule."

Es stehen jetzt dadurch auch uneheliche Kinder unter der Beaufsichtigung, welche die Mutter in der Familie, in der sie wohnt, gegen Kostgeld den Tag über in Verpflegung giebt. Der Gang ist jetzt folgender:

„Das neu aufgenommene Kind wird von der Ziehmutter Freitag Nachmittag angemeldet und wenn möglich selbst gebracht. Durch An- und Abmeldungsfragen über krankhafte Zustände werden oft über 100 Kinder an diesem Tage vorgestellt, so daß die anwesenden 6 Pflegerinnen den genauesten Einblick in die kindlichen Lebensverhältnisse erlangen. Die Deputation der Stiftung eines Menschenfreundes hatte die große Güte für die unehelichen Kinder 1000 Mark zu bestimmen, für welche Summe Wein, Milchsurrogate und besonders Leberthran angeschafft wird, welch' letzterer schon nach den ersten Monaten verabreicht, für die Kinder den größten Vortheil gezeigt hat. — Das angemeldete Kind wird von dem Beamten in die Listen eingetragen und erhält die Ziehmutter darauf das Ziehkinderbuch mit eingeheftetem Regulativ und Instruction. In den nächsten 8 Tagen wird das Kind besucht, syphilitische Kinder, deren krankhafte Symptome die Pflegerinnen jetzt genau kennen, wird sofort gemeldet und dem Krankenhause überwiesen. In Folge eines von mir gestellten Antrages bin ich berechtigt, syphilitische Kinder der Gefahr wegen sofort in das Krankenhaus zu senden und werden dieselben daselbst kostenlos verpflegt. Am nächsten Freitag berichtet die Pflegerin über den Befund, die Verpflegung des Kindes und häuslichen Verhältnisse der Zieheltern. Inzwischen sind von Seiten des Beamten polizeiliche Erkundigungen über die Zieheltern eingeholt worden. Das Kind wird in die Vormundschaftslisten gebucht und der Obervormundschaft Mittheilung gemacht, es erfolgt darauf bei Sächsischen Staatsangehörigen sofort die Ertheilung, während bei Nichtsachsen erst die betreffenden Landesgesetze in Betracht gezogen werden müssen. In Preußen ist der Vater der Mutter gesetzlicher Vormund, in einigen Staaten muß die Mutter selbst nach erlangter Mündigkeit die Vormundschaft verwalten, wie wenig dieselbe dazu geeignet ist, wurde genügend hervorgehoben.

Hieran schließt sich die Vorladung der Mutter, Befragung nach ihren Existenzverhältnissen und denen des Vaters des Kindes. Ist nachweisbar für die Existenz des Kindes von beiden Seiten gesorgt, so wird von jedem weiteren Eingehen abgestanden. Zahlt der Vater nicht, so wird er gleichfalls in Gegenwart der Mutter vorgefodert und von seinen gesetzlichen Verpflichtungen unterrichtet. Ertheilt er sein Zugeständniß, so wird dasselbe sofort zu Protokoll genommen und erfolgt die Zahlung in den meisten Fällen an das Amt. Weigert sich der Vater, so wird bei vielen Kindern die Klage jetzt von dem Generalvormund direct eingeleitet, weil die Verhältnisse demselben am genauesten bekannt sind und dem unehelichen Vater im Falle der Verurtheilung wesentliche Kosten erspart werden, wodurch er leichter seinen Beitrag zum Ziehgeld entrichten kann. Bei auswärtigen Vätern wird die dortige Behörde um Zahlungsaufforderung an denselben ersucht.

Der Verkehr mit der Obervormundschaft ist auf die größte Weise erleichtert. Die Listen der an- und abgemeldeten Kinder werden monatlich dem Amtsgericht übergeben. Letzteres überliefert bei den in Leipzig bevormundeten Kindern die Vormundschaftsscheine an das Ziehkinderamt, bei auswärtigen Kindern theilt es dem Generalvormund die competente Behörde mit, worauf durch denselben in geeigneten Fällen ein Ueberleitungsantrag gestellt wird. Die weitere Verhandlung mit den auswärtigen Behörden erfolgt dann durch das Amtsgericht. Es mußte auch hier durch die Praxis Erfahrung gesammelt werden, wann, solange die allgemeine Einführung fehlt, die Ueberleitung zu beantragen ist, bei sehr vorübergehendem Aufenthalt der Kinder und der Mutter z. B. würde nur nutzlose Arbeit hervorgerufen werden. Auf dem Ziehkinderamte besitzt jedes Ziehkind besondere Acten, welche zugleich die Personalien der Pflegeeltern enthalten. Vorhandenes Vermögen des Kindes durch Ersparnisse der Unterhaltungsbeiträge, durch Abfindungssummen oder Erbanfall entstanden, wird durch den Generalvormund verwaltet. Rechenschaftsablegung ist nur bei Niederlegung der Vormundschaft nothwendig. Bei dem Weggang des Kindes aus Leipzig wird die Behörde des neuen Aufenthaltsortes von dem Eintreffen des Kindes in Kenntniß gesetzt.

III.

Welcher Vortheil ist nun für die unehelichen Kinder durch unser neues Leipziger System entstanden? Als Basis der Betrachtung lege ich die statistischen Erhebungen über unsere Ziehkinderverhältnisse des Jahres 1891 zu Grunde.

Es kamen zur Anmeldung:

985 Kinder,
524 männlichen und
461 weiblichen Geschlechtes.

Hiervon standen:

723 im Alter von 1—6 Monaten,
75 „ 6—12 „
62 „ „ 1—$1^1/_2$ Jahren,
40 „ „ $1^1/_2$—2
37 „ „ „ 2—3 „
28 „ „ „ 3—4 „
13 „ „ „ 4—5 „
7 „ „ „ 5—6 „
731 Kinder waren Bestand 1890,
es wurden daher beaufsichtigt:

1716 Kinder. Zur Abmeldung kamen 1891
590 „ ; es verblieben daher

1126 Kinder.

Die Mütter zu den oben erwähnten 985 Kindern sind dem Stande nach:
292 Dienstmädchen, Köchin, Aufwärterin,
21 Wirthschafterin,

5 Gouvernante, Gesellschafterin, Kindergärtnerin,
110 Näherin,
17 Wäscherin, Plätterin,
11 Strickerin, Häklerin,
52 Arbeiterin, Handarbeiterin,
9 Blumenmacherin, Putzmacherin, Federschmückerin,
318 Fabrikarbeiterin,
24 Kellnerin,
43 Verkäuferin, Directrice,
5 Händlerin, Geschäftsinhaberin,
75 Schauspielerin, Malerin, Tänzerin,
2 Lehrerin,
19 Privata,
4 Prostituirte,
21 Wittwen, geschiedene Ehefrauen,
14 Wirthschaftsgehülfin,
6 Krankenwärterin,
7 unbekannten Standes,

985

Die Väter setzen sich zusammen aus:
271 Professionisten einschließlich Schriftsetzern,
7 Restaurateuren,
55 Markthelfern,
90 Handarbeitern,
55 Maurern, Zimmerleuten,
17 Ökonomen,
50 Kutschern,
92 Fabrikarbeitern,
9 Künstlern,
36 Dienern, Kellnern,
107 Kaufleuten und Händlern,
26 Beamten,
2 Lehrern,
27 Studenten,
7 Ärzten,
76 Soldaten,
28 Unteroffizieren, Offizieren,
7 Rentnern,
23 Unbekannt.

Zur Abmeldung kamen, wie bereits bemerkt, 590 Kinder, und zwar:

	Im Alter von							
	a.	b.	c.	d.	e.	f.	g.	h.
	1—6 M.	6—12 M.	1—$1^1/_2$ J.	$1^1/_2$—2 J.	2—3 J.	3—4 J.	4—5 J.	5—6 J.
199 Verstorben .	144	36	10	6	1	1	1	—
216 zur Mutter	40	46	49	30	20	17	8	6
45 zu Großeltern . .	24	4	7	7	2	—	—	1
27 in unentgeltliche Pflege	—	2	3	12	7	—	3	—
18 in Waisenpflege . .	2	4	6	5	1	—	—	—
68 nach Auswärts . .	20	13	7	9	12	4	3	—
17 zur Schule.								
590								

Von den 199 Kindern verstarben

zu a. 98 an Magen- und Darmcatarrh,
16 „ Krämpfen,
15 „ Schwäche,
4 „ Schwämmchen,
3 „ Lues,
5 „ Lungenentzündung,
3 am Schlage;

zu b. 20 an Magen- und Darmcatarrh,
8 „ Krämpfen,
2 am Schlage,
2 an Gehirnentzündung,
3 „ Bräune,
1 „ Lues;

zu c. 5 „ Magen- und Darmcatarrh,
4 „ Krämpfen,
1 „ Schwäche;

zu d. 2 „ Krämpfen,
1 „ Brustcatarrh,
2 „ Magen- und Darmcatarrh,
1 „ Diphtheritis;

zu e. 1 „ Keuchhusten;

zu f. 1 „ Diphtheritis;

zu g. 1 „ „

Die Ziehkinder wurden von 824 Pflegeltern und zwar bei
230 Professionisten,

2 Restaurateuren,
52 Marktthelfern,
208 Handarbeitern,
78 Maurern und Zimmerleuten,
77 Fabrikarbeitern,
13 Kellnern,
23 Kaufleuten,
36 Beamten,
30 Wittwen,
4 getrennt lebenden Ehefrauen,
11 ledigen Personen,
36 Kutschern,
8 Dienstleuten,
5 Bauern,
5 Invaliden,
6 Rentiers

erzogen.

Hierüber wird bemerkt, daß im Jahre 1891

633 Vormundschaftsüberleitungen stattgefunden haben,
192 mündliche Zahlungsaufforderungen an die unehelichen Väter,
96 schriftliche dergl. durch Vermittelung anderer Behörden erlassen worden sind, und
18 Personen das Halten von Ziehkindern untersagt worden ist.

Für das Jahr 1892 ergab sich folgende Statistik:

1126 Kinder waren Bestand am Schlusse des Jahres 1891.
880 Zuwachs pr. 1892.
2006 Summe der beaufsichtigten Kinder.

Hiervon gingen ab:

733 Kinder und zwar:
235 zu Müttern,
86 „ Großeltern,
80 nach auswärts,
248 verstarben,
56 zur Schule,
40 in Waisenpflege,
18 „ unentgeltliche Pflege,
732

Erledigen wir nun noch die Hauptfrage, warum ist eine Beaufsichtigung der unehelichen Kinder nothwendig? Dieselbe findet in sämmtlichen civilisirten Ländern statt, in Frankreich besteht vor allem durch Mac Mahon ein großer Verwaltungsmechanismus, welcher die Art der Beaufsichtigung genau bestimmt und direct unter der höchsten Controle des Präsidenten der Republik steht. Der Eingang des betreffenden französischen Gesetzes lautet: „Jedes Kind, weniger als 2 Jahre alt, welches durch Ziehgelder in Nahrung oder in Pflege außerhalb der Wohnung der Eltern gebracht ist, wird durch diesen Umstand der Gegenstand einer öffentlichen Beobachtung, deren Zweck es ist, seine Gesundheit und sein Leben zu beschützen." — Es folgt als Consequenz, daß die unehelichen Kinder unbeschützt leichter ihr Leben und ihre Gesundheit verlieren als ehelich geborene Kinder. Die allgemeine Statistik ergiebt die Berechtigung dieser Annahme, die Mortalität der außerehelichen Kinder übersteigt die der ehelichen oft um das Doppelte und ist im Durchschnitt 8—10% höher. Die Gründe dieser hohen Sterblichkeit ergeben sich aus der ersten Eingabe an das Armen-Directorium. Das Grundprincip einer jeden Einrichtung muß daher sein, diese Sterblichkeit herab zu setzen suchen und die Widerstandsfähigkeit, den Gesundheitszustand dieser Kinder kräftigen.

In wie weit ist dieses nun in Leipzig gelungen?

Eine Statistik der Sterblichkeit der unehelichen Kinder ist außerordentlich durch den Wechsel derselben erschwert. Verweise ich auf die obige Statistik, so würden im ersten Lebensjahre von 800 Kindern nur 100 gestorben sein. Gerade im ersten Lebensjahre ist dieses Zahlenverhältniß am richtigsten, weil der Zuzug der Wegnahme am ehesten entspricht. — Noch klarer tritt aber die günstige Einwirkung aus der allgemeinen Leipziger Statistik von Herrn Professor Hasse hervor. Trotzdem ein großer Theil der unehelichen Kinder, welche bei der Mutter und den Großeltern wohnen, nicht beaufsichtigt wird und gerade dieser Theil einen großen Procentsatz der Sterblichkeit liefert, macht sich demnach eine bedeutende Herabsetzung der allgemeinen Sterblichkeit der unehelichen Kinder seit der Veränderung der Leipziger Ziehkinder-Verhältnisse bemerkbar.

Es starben:

1881	von 793	unehelich	Geborenen	210	im 1. Jahr.
1882	„ 823	„	„	193	„ „ „
1883	„ 909	„	„	250	„ „ „
1886	„ 1037	„	„	255	„ „ „
1890	„ **1218**	„	„	**235**	„ „ „

1851—1860	eheliche zu uneheliche	18,6 : 28,5,	uneheliche	+ 9,9%,
1861—1870	„ „ „	20,0 : 29,8,	„	+ 9,8%,
1871—1880	„ „ „	21,0 : 29,6,	„	+ 8,6%,
1881—1890	„ „ „	19,9 : 24,5,	„	+ **4,6**%.

Es zeigten sogar im Jahre 1890 die außerehelich geborenen Kinder eine niederere Sterblichkeit als die ehelich geborenen in Leipzig. Doch haben hier wohl zufällig günstige Factoren mit eingewirkt, da naturgemäß ein, wenn auch nicht großes, Ueberwiegen der Sterblichkeit der unehelichen Kinder über die der ehelichen stattfinden muß. Der Grund liegt in den ungünstigen Verhältnissen, in denen sich viele Mütter vor der Geburt des Kindes befinden. Hieraus entsteht auch die größere Zahl von unehelichen Todtgeburten, welche den ehelichen von 18,48 gegenüber 27,64 % in Leipzig beträgt. Die obigen Zahlen liefern den sicheren Beweis, wie die Sterblichkeit der außerehelichen Kinder sich in Leipzig bedeutend gebessert hat. Ebenso günstig sind auch die Gesundheitsverhältnisse der Kinder. Bei der im August dieses Jahres stattgefundenen Ziehkindervorstellung waren von **400** Kindern

53 Kinder vorzüglich entwickelt,
77 „ sehr gut entwickelt,
197 „ normal entwickelt

und nur 73 Kinder zeigten sich unter dem normalen Zustande, waren entweder schwächlich oder mit rhachitischen oder scrophulösen Symptomen behaftet. Sicher ein äußerst günstiges Verhältniß, auch wenn man die Ungunst der Großstadt nicht mit in Berücksichtigung zieht. Die Sterblichkeit der unehelichen Kinder ist also in Leipzig erheblich vermindert und die Gesundheitsverhältnisse gebessert, der Zweck des Schutzes erreicht. —

IV.

Welches ist nun der Grund für die geringere Sterblichkeit und günstigeren Gesundheitsverhältnisse der unehelichen Kinder in Leipzig?

Der Haupteinfluß beruht in der geordneten, strengen Controle der Ziehmütter. Dieselbe ist auf keine andere Weise als durch besoldete Pflegerinnen mit Anschluß an die städtische Behörde zu erlangen. Was ich im 1. Bericht (S. 22) über die freiwillige Pflege hervorhob, hat sich immer mehr als der Wahrheit entsprechend herausgestellt, eine Beaufsichtigung unehelicher Kinder durch freiwillig sich meldende Frauen aus den wohlhabenderen Ständen, die nicht im entferntesten mit der Controle durch besoldete Pflegerinnen in Vergleich zu ziehen sind, gilt auch für kleinere Bezirke. In einem größeren Vorortsdorfe suchte der Geistliche die strengste Controle auszuüben und wurde dabei auf das Hülfreichste von mehreren Damen unterstützt. Die Acten lieferten den Beweis, daß Alles geschehen war, was durch eine freiwillige Pflege ermöglicht werden konnte, trotzdem ergaben sie gerade den Beweis für die

Richtigkeit meiner Behauptungen; äußerst häufig fand ich die Notiz der Damen, daß ein zur Controle übergebenes Kind schon Monate lang die Familie verlassen hatte, ohne zu wissen, wo es sich jetzt befand, oder es war gestorben, anderseits finden sie nicht angemeldete Kinder. Das Hauptgewicht der ganzen Beaufsichtigung unehelicher Kinder beruht nun darin, das Kind sobald als möglich der Controle zu unterstellen. Gerade in der Jetztzeit ist es absolut nothwendig, daß die beaufsichtigende Person eine Kenntniß des gesunden und kranken Säuglings, denn um diese handelt es sich, auch der letzten Statistik, der Mehrzahl nach, besitzt. Diese Kenntnisse müssen dem neuesten Standpunkte der Wissenschaft entsprechen, sie sollen nicht dem Privatleben entnommen sein, nur dadurch wird dem Kinde und Zieheltern genutzt und Gleichmäßigkeit in den Anschauungen geschaffen. In der Großstadt ist eine allgemeine freiwillige Pflege, soll sie zweckentsprechend sein, fast unmöglich. Hier ist Zwang nothwendig zum fortdauernden Besuchen, nicht Bitte, denn unsere Pflegerinnen haben oft schwere Scenen zu überstehen, Beleidigungen zu ertragen, welche jede freiwillige Dame bald zurückschrecken würde, denn gerade die unlautersten Elemente müssen am häufigsten besucht werden, und suchen sich am liebsten der Controle zu entziehen. Für eine freiwillige Pflege, deren großen Nutzen auf anderen Gebieten ich hochschätze, eignet sich nur ein stabiles Material, wie es z. B. bei den Waisenkindern der Fall ist, der große Wechsel der Wohnstätten läßt bei den unehelichen Kindern keinen Erfolg aufkommen, hier werden die Kräfte nutzlos verwendet. Ein Theil der unbrauchbaren Zieheltern wird schon ausgeschaltet durch die polizeilichen Acten. Ein anderer Theil geeigneter Ziehmütter, gegen welche sonst nichts vorliegt, wird von den Pflegerinnen selbst herausgefunden, theils sind es unreinliche, selbstsüchtige Frauen, oft auch nur unwissende, welchen es bei der größten Mühe nicht gelingt, das Gedeihen eines Kindes zu fördern, während es bei einer anderen Ziehmutter baldigst ein kräftigeres Wachsthumsbild zeigt. Eine tüchtige geschulte Pflegerin gewinnt schon durch einen Besuch einen genügenden Einblick, um zu wissen, daß sie diesem Kinde eine doppelte Aufmerksamkeit zuzuwenden hat. Bei ihrem Eintritt betrachtet sie die Ziehmutter, überblickt die Wohnung nach Größe, Raum, Licht und Reinlichkeit; fragt nach der Anzahl der Bewohner. Darauf prüft sie das Kind, die Lagerstätte, Betten, Kleidung; besichtigt dann genau das Kind und endlich die Nahrung. Ueber diesen Befund giebt sie einen kurzen Bericht an die Registratur. Gleichzeitig werden in das vorhandene Ziehkinderbuch durch zwei den Ziehmüttern unverständliche Buchstaben Bemerkungen über die Entwickelung und Verpflegung der Kinder eingetragen, was auch von mir bei den Freitagsanmeldungen und Besuchen geschieht. 13ᵉ z. B. bezeichnet ein schlecht entwickeltes, leidlich verpflegtes Kind; diese Notizen sind für die späteren Besuche und die Zu- oder Abnahme des Kindes für uns von größter Wichtigkeit. Falls eine nicht sofortige Wegnahme angezeigt ist, wird die wahre Mutter des Kindes von Seiten des Beamten benachrichtigt und ihr die Nothwendigkeit erklärt, für ihr Kind eine andere Ziehmutter zu suchen; falls sie keine kennt, erhält sie genügende Namen von uns mitgetheilt. Ist aber für das Kind bei dem weiteren Verbleiben Gefahr im Verzuge, so erfolgt die schnellste Unterbringung im Kinderheim. Schon dieser kurze Einblick in unser Getriebe zeigt, wie mit einer freiwilligen Pflege ein derartiges rasches, thatkräftiges Handeln zum Vortheil der Kinder nicht möglich wäre. Hervorgehoben muß werden, daß nur ganz geeignete Persönlichkeiten zu dem Amte als Pflegerin ausgewählt werden dürfen und es auch für diese längerer Zeit bedarf, die nothwendigen Erfahrungen zu sammeln und es auch für eine Frau viel schwerer ist als für den Mann, sich als Beamten zu fühlen, aus diesem Grunde ist die beigefügte Instruction erforderlich.

Jede Pflegerin wird erst über ihr Arbeitsgebiet unterrichtet, sie besucht vorher mit einer älteren Pflegerin Zieheltern, um Einblicke in gute und schlechte Verpflegung zu gewinnen, ehe sie selbstständig wirken kann. Herr Stadtrath Kunze aus Dresden sendete z. B. vor mehreren Jahren zwei Pflegerinnen zu diesem Zwecke nach Leipzig. Eine größere Zahl als 100 Kinder kann eine Pflegerin schwer überwachen, wie wir jetzt in Leipzig sehen, wo die Zahl ziemlich 150 erreicht und baldigst eine 7. Pflegerin zur Entlastung nothwendig ist. Kinder unter einem Jahre müssen besonders im Sommer zweimal wöchentlich besucht werden, wobei oft bedeutende Entfernungen zurückzulegen sind. Die genaue Untersuchung und Anfragen der Zieheltern erfordern ziemlich viel Zeit zu einem Besuche. Im Sommer kommen durch das Ausfahren der Kinder dabei oft vergebliche Besuche mit in Betracht.

Leipzig unterscheidet sich von vielen Städten dadurch, daß den Zieheltern die Erlaubniß des Haltens von Ziehkindern nicht vorher, sondern nachträglich ertheilt wird. Herr Stadtrath Ludwig-Wolf hob in seinem Vortrag auf dem Städtetag 1891 hervor, daß uns dadurch eine große Menge gerade ausgezeichneter Ziehmütter erhalten bliebe und ist dieses, wie wir aus der Praxis heraus sehen, sicher der Fall, die gewerbsmäßigen Ziehmütter sind nicht die zahlreichsten und auch nicht immer die besten. Ganz zufällig findet sehr häufig das niedergekommene Mädchen die Ziehmutter, welche sonst nicht daran gedacht hätte, sich um die Erlaubniß vorher zu bewerben. Bei einer vorherigen Concessionirung der Ziehmütter übernimmt dann auch die Behörde die Garantie für eine gute Verpflegung was sie nicht kann. Eine Ziehmutter braucht nicht vorbestraft zu sein, eignet sich aber trotzdem nicht zur Pflege eines Kindes. Andererseits haben wir nicht zu seltene Fälle, daß vorzügliche Ziehmütter besonders durch äußere Verhältnisse ihren Charakter verändern und ihnen die Aufnahme von Kindern verboten werden muß. Bei weitem häufiger sehen wir, daß das beim ersten Besuche unsaubere Logis und Kind beim zweitenmale einer größeren Reinlichkeit und Sorgfalt Platz gemacht hat. Dieses ist Alles durch unser System leichter festzustellen; es wird nur gestattet, das Kind solange zu behalten, als sie unbescholten und zur Verpflegung geeignet dasteht, ohne ihr im voraus dieses als Concession zu ertheilen, welche dann manchesmal sofort wieder genommen werden müßte. Da Bestrafungen in den ärmeren Ständen sehr häufig sind, muß sehr individualisirt und besonders die Dauer und Art der Vorstrafen in Berücksichtigung gezogen werden, doch ist Zieheltern, deren einer Theil oft und besonders wegen Rohheit und Erpressung bestraft ist, ein ferneres Halten von Ziehkindern nicht gestattet, weil neben schlechter Behandlung des Kindes besonders auch Uebervortheilung der Mutter zu befürchten stebt. In dieser Hinsicht ist auch den Privatinstituten der Hebammen ein Augenmerk zu schenken, welche für das verpflegte Kind oft ein übermäßiges Ziehgeld fordern, ohne daß es wegen der häufigen Abwesenheit der Ziehmutter besser verpflegt wird. Ferner ist das Halten von kleinsten Ziehkindern nur ausnahmsweise zu gestatten, wenn ein gleichalteriger Säugling in der Familie sich befindet, das Ziehkind wird fast immer benachtheiligt. Besonders ungeeignet sind Pflegemütter, welche unverheirathet zur Zeit gleichfalls ein uneheliches Kind besitzen, wir haben hier beinahe ausnahmslos schlechte Erfahrungen gesammelt und wird deshalb den ledigen Personen das Halten von Ziehkindern untersagt. Diese sämmtlichen Verhältnisse ergeben sich aus den Acten, welche mir für eine sich nothwendig machende Entziehung der Berechtigung, Ziehkinder bei sich aufzunehmen, vorgelegt werden, doch wird in jedem Falle das Gutachten der Pflegerin über die Behandlung des Kindes eingeholt. Gerade dadurch verfügen wir über so viele äußerst gute Ziehmütter, und ich muß das frühere Urtheil immer noch nach einer genauen 10jährigen Kenntniß wiederholen, daß ich nie so viel Selbstaufopferung und Mitleid erlebt habe wie hier. Die Scenen der Trennung vom Kinde, welches sie mit größter Mühe Monate lang aufgezogen haben und nun zur Mutter oder Verwandten kommt, sind oft schrecklich mit anzusehen, das geringe Ziehgeld spielt dabei keine Rolle, da es immer noch gerade in solchen Fällen oft genug ausbleibt. Ich berichte hier keine Ausnahmen, unsere Leipziger Pflegerinnen werden sie als Durchschnitt aufführen. Man braucht nur das Glück zu sehen, mit welchem eine Ziehmutter ein elend aufgenommenes oder sehr krank gewesenes Kind später kräftig und gesund vorstellt, um zu begreifen, daß Ziehmutter und Engelmacherin nicht identisch sind. Wie auch aus der letzten obigen Statistik hervorgeht, sind es fast stets verheirathete Frauen, die sich wegen Nichtverlassen des Hauses ein geringes Nebenverdienst zu verschaffen suchen. In der nachfolgenden Statistik habe ich versucht, bei den im Laufe des Jahres 1892 stattgefundenen 209 Todesfällen einen ungefähren Begriff über eine äußere Einwirkung zu erhalten:

Bei	66	gestorbenen	Kindern	war	das Kind gesund, Ziehmutter und Wohnung geeignet.
„	95	„	„	„	das Kind schwach, Wohnung und Ziehmuter gut.
„	2	„	„	„	Kind und Wohnung schlecht, Ziehmutter gut.
„	3	„	„	„	Kind und Ziehmutter schlecht, Wohnung gut.
„	20	„	„	„	Kind, Wohnung und Ziehmutter schlecht.
„	8	„	„	„	Kind und Ziehmutter gut, Wohnung schlecht.
„	8	„	„	„	Kind gut, Wohnung und Ziehmutter schlecht.
„	7	„	„	„	Kind und Wohnung gut, Ziehmutter schlecht.

Unter einer geeigneten Wohnung verstehe ich, daß sie nach Größe, Luft, Licht den hygienischen Verhältnissen entspricht, ebenso wie die Zahl ihrer Bewohner. Ferner daß die nothwendige Lagerstätte für das Kind vorhanden ist. Bei der guten Ziehmutter ist die geeignete Nahrung einbegriffen. — Es zeigt sich dann, daß man nur bei 7 Kindern der schlechten Verpflegung den Tod beimessen könnte, bei 31 kann sie mit betheiligt gewesen sein, während bei 171 Kindern die Verpflegung ohne Einfluß gewesen ist, im Gegentheil die Ziehmütter bei der größten Anzahl Alles gethan haben, um das kindliche Leben zu erhalten, wie auch die obigen Todesarten erweisen. — Doch lieferte diese Statistik uns den Beweis, daß mit größter Strenge gegen ungeeignete Ziehmütter und Wohnungen vorgegangen werden muß. Bei guter Verpflegung, wo feststeht, daß die Zieheltern das Kind nur aus Liebe vor der Adoption ohne Entgeld bei sich aufgenommen haben, kann durch Dispensation die Controle wegfallen.

Durch diese Verbindung zwischen Amt und Pflegerin wird es ermöglicht, im Durchschnitt Ziehmütter zu erhalten, welchem es am Herzen liegt, das Gedeihen des Kindes zu fördern.

Der zweite Grund für die geringe Sterblichkeit sind die günstigen hygienischen Verhältnisse, in die wir das Kind zu versetzen suchen. Die beigefügte Instruction für Ziehmütter giebt einen genauen Einblick. Unsere Nahrungsangabe weicht in so fern etwas von der allgemeinen Regel ab, daß wir schon in früherer Zeit eine weniger verdünnte Milch und zeitiger etwas Beigabe von Milchsurrogaten und eingeweichter Semmel gestatten, man ist in dem letzten Jahrzehnt zu weit mit der Enthaltung dieser Surrogate aus wissenschaftlichen Gründen vor der Zahnung gegangen, ohne daß eine Rechtfertigung in der Praxis besteht. Die Milch wird für den Magen in der Mehrzahl der Fälle durch den Mehlzusatz verdaulicher und kann sich der Magen durch das sogenannte Füttern von der Milchverdauung erholen. Ich muß mit solchen Verhältnissen besonders im Sommer rechnen, weil an und für sich erspart wird und die Soxhlet'schen Errungenschaften für uns wegen der hohen Kosten nur in so weit nutzbar sind, als der allgemeine Milchverkauf eine haltbare Milch zu liefern sucht. Etwas Besserung soll dadurch geschaffen werden, daß die Ziehmutter vor dem Trinken die Milch noch einmal aufkocht. Eine in Säuerung begriffene Milch gerinnt dann sofort und wird in diesem Zustand von der Ziehmutter nicht verabreicht, das nochmalige Kochen zerstört auch einen Theil der neuen Keime. Eine solche Instruction kann nur ungefähre Thesen für die Nahrungsaufnahme aufstellen, weil jedes Kind individuell behandelt sein muß, während das eine Kind bei dünnem Hafermehlzusatz sich äußerst günstig entwickelt, bricht das andere die Milch mit einer solchen Beigabe sofort heraus. Im Durchschnitt erhalten die Kinder leichter zu viel, als zu wenig Nahrung und kann hier wieder die Pflegerin helfend eintreten. Für ein jedes Land sind Landesgewohnheiten zu berücksichtigen. In Sachsen wirkt besonders der fortdauernd im Munde steckende mit Zucker gefüllte Gummisaughut im Sommer verderblich ein, und ist seine Ausrottung mit größter Schwierigkeit verbunden. In Bayern z. B. dürften Bier und Wein ähnliche schädigende Momente sein und beruht ein großer Vortheil des Leipziger Systemes auch in seiner moralischen Wirkung, dem Zwang zur Reinlichkeit und dem Aufgeben von veralteten Vorurtheilen und Aberglauben, welch' heilsamer Einfluß sich auch auf benachbarte weitere Kreise ausdehnt.

Zu großem Nutzen gereicht den Kindern die unentgeltliche ärztliche Behandlung und Medicin. Dieselbe wird zum Theil von den Armenärzten, bei transportablen Fällen besonders Freitags von mir und auch von Ortskrankenkassenärzten geleistet.

Jedes Kind, welches in der Entwickelung zurückgeblieben erscheint, wird mir von der Pflegerin gemeldet und besprechen wir dann die zu treffenden Maßregeln, um den Organismus zu kräftigen. — Oft sind geringfügige Mittel dazu nur nothwendig. — Die Verdauung liegt darnieder, der Leib ist dick und aufgetrieben, das Kind sieht blaß und blutarm aus. — Das Aussetzen der Milch, Verabreichung von reiner Kalbsbrühe während einiger Tage und Herausschaffung des gährenden Darminhaltes zeigt sofort den Beginn einer Besserung im Befinden des Kindes, welches sonst allmählich an Atrophie zu Grunde gegangen wäre.

Die zweimal im Jahre stattfindenden Ziehkindervorstellungen, zu denen jedes Kind jährlich einmal gebracht wird, erweisen sich als immer nothwendiger. Für die Ziehmutter besteht der Ehrgeiz darin, das Kind so gut als möglich und reinlich gekleidet vorzuführen. Die Pflegerinnen erhalten durch die Hunderte von Kindern, welche sie zu gleicher Zeit sehen und die dabei stattfindende Erklärung einen Vergleich über verschiedene Körperanlagen. Die Kinder werden nach dem Befinden in Klassen getheilt und müssen die Kränklichen dann öfter besucht werden, bei der Mehrzahl konnten wir dann im nächsten Jahre eine bedeutende Besserung feststellen. Die Vorladung geschieht sowohl in den Tagesblättern als auch durch Kartensendung, die Registratur, welche bei der Vorstellung zugegen ist, gewinnt hierdurch Gelegenheit zu einer genauen Vergleichung ihrer Listen, da die behördliche Drohung der Wegnahme des Kindes bei Nichterscheinen, einzelne bisher nicht angemeldete Kinder zur Anmeldung bringen läßt. 62 Ziehmütter werden jährlich durch Prämien von 6 Mark ausgezeichnet, welche sie mit großer Freude empfangen. Ein altes Mütterchen verpflegte für 1 Mark wöchentlich ein Kind und konnte sich von demselben aus Liebe nicht trennen. Sie sprach überglücklich der Pflegerin ihren Dank aus, sie hätte wieder einmal gesehen, wie sie in tiefster Noth nicht verlassen worden wäre. —

Schon in meinem ersten Berichte wies ich auf die Nothwendigkeit eines Asyles hin, in welches schlecht verpflegte Kinder zeitweilig untergebracht werden könnten. — Ein solches Haus stellt sich mit den Jahren als ein immer nothwendigeres Bedürfniß heraus, sowohl für Ziehkinder als auch für kleinste Waisenkinder, welche der Stadt plötzlich anheimfielen, in dritter Reihe war eine solche Zufluchtsstätte dringend erforderlich für vor Kurzem entbundene Frauen, welche aus der Entbindungsanstalt entlassen, besonders im Winter keinen Ort haben, wohin sie sich mit ihrem Kinde flüchten können. — Dieser Mangel der augenblicklichen Wohnstätte ist häufig der alleinige Grund für viele Verzweiflungsthaten, und wenn der Staat, wie es gerecht ist, den Kindesmord so schwer bestraft, so ist er auch verpflichtet, Einrichtungen zu treffen, welche solche Mütter von der ersten bittersten Noth retten. Für große Städte ist ein eignes Asyl nothwendig, in kleineren Orten und Landgemeinden genügt der Anschluß an ein Waisen- oder Armenhaus. — Da solche Mütter sehr häufig im Stande sind ihr Kind zu nähren, so können sie mit dazu benutzt werden, daß fremde im Asyl untergebrachte schwächliche Kinder eine Zeit lang Frauenmilch erhalten. — Dieses Leipziger Frauen- und Kinderheim wurde im Jahre 1891 dem Gebrauche übergeben. Es ist ein altes Krankenhaus in einer Vorstadt, enthält einen großen Schlafsaal, sowie mehrere kleinere Zimmer, es ist berechnet auf 12 Kinderbetten und 8 Erwachsene, welche Zahl häufig überschritten wurde. Der frühere Verwalter, sowie dessen Frau und ein Mädchen, besorgen die Verpflegung, zu der Arbeit wurden die Insassinen mit herangezogen. Eine solche Einrichtung erfordert deshalb keine großen Kosten, weil Kinder sowohl als Frauen, in jedem Falle von der Stadt untergebracht werden mußten und ein großer Theil der Ausgaben durch unser geordnetes Ziehkinderwesen von den Eltern der Kinder oder bei den Frauen von den Heimathbehörden zurückerstattet wird.

Von ähnlichen Anstalten, besonders den von Bonn ausgehenden Kinderheimen unterscheidet sich unser Asyl durch die Aufnahme jedes Falles, wenn es nothwendig ist und die Heranziehung zu den Kosten. Diese aus freiwilligen Beiträgen gegründeten Kinderheime[1], welche vor Allem auch einen günstigen moralischen Einfluß ausüben wollen und ihre Insassinnen längere Zeit behalten, müssen in großen Städten als dringend nothwendig bezeichnet werden, doch können sie unsere Einrichtung nur ergänzen, nicht ersetzen, da die städtische Anstalt nicht als stabiler Aufenthalt, sondern nur als Durchgangshaus zu betrachten ist. — Dieses ist einer der wichtigen Unterschiede von einem Findelhaus. Die einjährige Beobachtung unseres Asyles lieferte einen großen Beweis für die Behauptung, daß die Gründung von Findelhäusern in der Jetztzeit als der größte Rückschritt und als ein Unglück für die unehelichen Kinder und die Nation zu bezeichnen wäre. — Für einen Säugling giebt es nur einen Weg, auf welchem er eine kräftige Gesundheit erlangen kann, dieses ist durch die Einzelpflege, diesen Satz konnten wir besonders im Sommer täglich bestätigen. — Trotzdem im obigen Hause nur 10 Betten sich befanden, war es nicht möglich, den Kindern die Pflege zu Theil werden zu lassen, welche kleinste Kinder fördern und bei einer einzelnen Ziehmutter erhalten können, die Sterblichkeit war eine größere als außer

[1] Das in Leipzig bestehende vorzüglich geleitete Kinderheim wurde gleichfalls von Herrn Stadtrath Hentschel unter die Generalvormundschaft gestellt, um diesen Kindern die Wohlthat derselben zu Theil werden zu lassen.

dem Hause. Durch den immer mehr zunehmenden Mangel an stillenden Frauen konnte Frauenmilch weniger verabreicht werden. — Es ist daher für derartige Säuglingsasyle dringend nothwendig, daß sie die Zahl von 12 Betten nicht überschreiten. — Hierdurch ist schon die Einrichtung größerer Findelanstalten unmöglich, in dieses kann noch weniger ein Kind individuell behandelt werden, was, wie oben gezeigt wurde, für deren Gedeihen absolut erforderlich ist, eine Einrichtung von Findelhäusern würde gleichbedeutend sein mit einer erhöhten Sterblichkeit der unehelichen Kinder. Ferner ist hervorzuheben, daß der Nutzen der Findelanstalt nur den schlechtesten Elementen der Mütter im Durchschnitt von Nutzen sein würde, während für den Haupttheil derselben, welche sich nicht von ihrem Kinde trennen wollte, das gleiche unglückliche bisherige Verhältniß Belastung der Mutter und Zieheltern verblieb. — Es würde auch nichts gebessert, wenn die Oeffentlichkeit eingeführt würde, das Kind seinen Namen behielte und die Mutter es besuchen könnte. Der größte Theil der Mütter würde ihre Kinder nicht dahin abliefern, dafür sprechen meine Leipziger Erfahrungen und die Statistik. Es befanden sich z. B. in ganz Oesterreich incl. Steiermark, Böhmen, Galizien und Dalmatien im Jahre 1888 nur 30872 Kinder in Findelpflege, 335 in den Häusern, 30537 außer den Häusern, also nur ein Bruchtheil der vorhandenen Kinder. Diese Findlinge kosteten dem Staate im Jahre 1888 1817372 Gulden, welche Kosten würden nun Findelanstalten verursachen, welche beabsichtigen die unehelichen Kinder zu concentriren? — In dieser Hinsicht werden in Rußland bedeutende Summen verwendet. Die österreichischen Anstalten sind keine echten Findelhäuser, sondern ähneln mehr dem Leipziger Asyl, und wäre zu wünschen, daß derartige Säuglingsasyle mit allen größeren Gebäranstalten, aber mit Hinzunahme der Leipziger juristischen Verhältnisse, in Verbindung ständen. — In der von Prof. Epstein geleiteten vorzüglichen Prager Anstalt wird die aus der Gebäranstalt entlassene Mutter mit ihrem Kinde aufgenommen und erwirbt, wenn sie sich zu einem viermonatlichen Ammendienste in der Findelanstalt verpflichtet, den Anspruch auf eine sechsjährige Versorgung ihres Kindes auf öffentliche Kosten. Falls die Mutter erkrankt oder zum Stillen untauglich ist, wird ihr Kind allein aufgenommen. Ist das Kind der Amme gesund, so kommt es in den nächsten Tagen auf das Land zu einer Pflegemutter zum Stillen, während die Milch der Mutter für kränkliche Kinder benutzt wird. Nach dem 6. Jahre wird das Kind von der Mutter oder der Gemeinde übernommen oder verbleibt unentgeltlich bei den Pflegeeltern. Die in der Gebäranstalt entbundene und mit ihrem Kinde in die Findelanstalt aufgenommene Mutter kann, wenn sie das Kind selbst zu pflegen beabsichtigt, ebenso wie die legitimen Großeltern bis zum Ende des 4. Lebensjahres eine Unterstützung aus dem Landesfonds beziehen.

Die aus dieser Einrichtung entspringenden sehr günstigen Resultate kommen aber nur einem geringen Bruchtheil der unehelichen Kinder und zwar nur in gesundheitlicher Hinsicht zu Gute und fällt die strenge Controle in der Außenpflege, die Vernachlässigung der Heranziehung des Vaters nach der Geburt überliefert sie mittellos vom 4. oder 6. Jahre dem Leben, während das Leipziger System die Existenzbedingungen aller unehelichen Kinder in jeder Hinsicht fördern muß. Welchen demoralisirenden Einfluß die Gründung von Findelhäusern hervorbringen würde, ergiebt eine Beurtheilung der Länder, in denen sie bestehen.

V.

Durch alle diese Maßregeln wird zwar die Erhaltung des Kindes nach allen Kräften zu schützen gesucht, doch wird zugleich die Ziehmutter bedeutend belastet, ohne daß sie den hülfreichen Beistand findet, um ihre Ausgaben zu decken und eine kleine Entschädigung zu erhalten. Es wäre daher unmöglich gewesen diese günstigen Resultate in einem so hohen Grade zu erreichen, wenn nicht die Generalvormundschaft eingeführt worden wäre. — Ich habe in dem ersten Berichte einen Einblick in die grauenhaften Verhältnisse gegeben. — Die Statistik von 1891, von ziemlich 1000 Müttern ergiebt das vollkommen gleiche Resultat. Die Zahl der Dienstmädchen und Fabrikarbeiterinnen ist nur scheinbar ziemlich die Gleiche. In Wahrheit findet auch hier ein bedeutendes Ueberwiegen der Dienstmädchen statt, da durch den Anschluß der Vororte eine große Anzahl von Fabrikarbeiterinnen, der die Zahl der Dienstmädchen nicht im Entferntesten entspricht, nach Leipzig gekommen sind. — Betrachtet man diese Standesverhältnisse, so ist noch nicht der 10. % fähig ein Kind bei geringem Ziehgeld allein zu erhalten, für 90 % besteht eine vollständige Unmöglichkeit, ein Ziehgeld von 4 Mark wöchentlich zu entrichten. — Hierzu kommt, daß eine Einnahmequelle, welche gerade im ersten Jahre der unehelichen Mutter über die schwerste Zeit hinweghalf, der Ammenverdienst immer mehr zu versiegen droht. — Der Grund beruht einestheils darin, daß die Fähigkeit zum Nähren überhaupt abnimmt (Fabrikarbeiterin), es giebt weniger und schlechtere Ammen, und anderentheils durch die wissenschaftlichen Errungenschaften der Neuzeit gerade auf dem Gebiete der Kinderernährung, viele Familien nur im äußersten Falle zu der Wahl einer Amme sich entschließen.

Auch in der gleichfalls vergrößerten Zusammenstellung von 1891 (S. 33) stehen diesen Müttern Väter gegenüber, welche im Durchschnitt vollständig fähig sind, die geringe Ausgabe ihres wöchentlichen Beitrages zum Ziehgeld zu ertragen. Die regelmäßige Zahlung des Ziehgeldes ist Lebensbedingung für das uneheliche Kind. Nur in diesem Falle erhält es die genügende Nahrung und Pflege im vollsten Maße, während sonst die beste Ziehmutter zu erschlaffen droht, wenn sie von ihrem kümmerlichen Einkommen noch das fremde Kind allein ernähren soll, was sie häufig nicht im Stande ist. — Welche Gefahr für das Leben des Kindes das geringste Nachlassen von der peinlichsten Sauberkeit und Ordnung besonders im Sommer mit sich bringt, ist ersichtlich. Zur Besserung dieser Zustände hat die eingeführte Generalvormundschaft den Hebel angesetzt und wurde nur durch sie die segenreichsten Ergebnisse erzielt und die Existenzverhältnisse der unehelichen Kinder auf das wesentlichste verbessert. — Die Nothwendigkeit und Brauchbarkeit ergiebt sich bei der früheren Schilderung von selbst, nur durch eine derartige Einrichtung ist es möglich die Eltern des Kindes schnell festzustellen und sie zu ihren Verpflichtungen heranzuziehen, oder bei deren vollständiger Unfähigkeit zu zahlen einstweilen zum Wohle des Kindes schnell mit Hülfe aus Gemeindemitteln beizustehen. Die große Befürwortung, welche das hohe Ministerium der Justiz unserer Anstalt zu Theil werden ließ, hat eine Einführung in 19 Gemeinden Sachsens bis jetzt zur Folge gehabt, während in acht Städten die Verhandlungen noch nicht zum Abschluß gekommen sind. In ihren eingehenden Berichten auf dem diesjährigen sächsischen Städtetag schildern Herr Stadtrath Ludwig-Wolf und Herr Bürgermeister Ebeling von Meerane die Erfolge der Generalvormundschaft in den verschiedenen Gemeinden. Herr Stadtrath Ludwig-Wolf schließt sein Referat mit den Worten: „Durch die Einrichtung sind Unzuträglichkeiten und Conflicte zwischen den betreffenden Justiz- und Verwaltungsbehörden nach keiner Richtung hervorgerufen worden, im Gegentheil ist durch dieselbe ein erfreuliches Hand in Handgehen der beiden Behörden erzielt und dadurch auch eine bessere Ueberwachung der öffentlicher Fürsorge unterstehenden Kinder herbeigeführt worden. —

Aus der hochinteressanten Arbeit des Herrn Bürgermeister Ebeling bezüglich deren ich jeden sich für dieses Gebiet Interessirenden auf das Original nicht genug verweisen kann, hebe ich nur folgende Schlußsätze hervor. Die gewonnenen Urtheile sind folgende:

1. Erleichterung für Gericht, Armenamt und Publikum. Die Ausmittelung eines Vormundes ist meistens schwierig und die Wahl nicht geeignet. Die uneheliche Mutter ist als Vormund nicht befähigt, was schon von Seiten des Albertvereins bekämpft wurde.

Das Kind besitzt jetzt Vertretung, die Verpflichtung und Instruction fällt dabei weg, die unehelichen Mütter wissen sofort, wohin sie sich zu wenden haben, der amtliche Verkehr läßt sich dabei sehr vereinfachen. —

2. Erheblicher finanzieller Nutzen für die Armenkasse. Mutter und Vormund haben oft nicht die Energie, den Vater zu belangen. Bei der Mehrzahl der Fälle zahlt der Vater aus Furcht, oft hilft gütliche Verhandlung, in einfacher Form wird ohne Kosten ein Vertrag geschlossen, schließlich wirkt Klage. Je mehr Väter, desto weniger uneheliche Kinder fallen der Armenkasse zur Last. In den Fällen, wo die Klage erfolglos, ist nach Dresdner Beispiel die städtische Arbeitsanstalt nothwendig.
3. Durch die wachsame Controle gelangen die Unterhaltungsbeiträge unverkürzt zur Pflege des Kindes.
4. Die Vormundschaftseigenschaft überträgt der Gemeindebehörde die patria potestas und damit die Möglichkeit selbstständig und ungehindert einzutreten, stärkt die Autorität der Behörde und kann die unglücklichen unehelichen Kinder vor Verwahrlosung bewahren. —

Diesen großen Vortheilen der neuen Einrichtung, die nicht nur dem Idealisten wegen der guten Wirkung in moralischer Hinsicht, sondern auch dem Praktiker wegen Schonung des Gemeindesäckels einleuchten werden, stehen keine Nachtheile gegenüber. —

Diese Rede aus dem Munde zweier bekannter Verwaltungsmänner, welche die Generalvormundschaft selbst erprobt haben, bilden wohl den besten Beweis für die Erfolge unserer Einrichtung. In Leipzig sind im Jahre 1891, 192 mündliche Zahlungsaufforderungen an uneheliche Väter und 96 schriftliche durch Vermittelung anderer Behörden erlassen worden, von denen wenigstens $^2/_3$ Erfolg nach sich zogen von denen der größte Theil der Väter sonst sicher nicht seine Schuld entrichtet hätte. — Ein Theil der Väter zahlte ihren Beitrag direkt an die Armenkasse ein, von welcher sie die Ziehmutter ausgehändigt erhielt. — Diese Möglichkeit ist besonders für solche Fälle nothwendig, in denen die Mutter des Kindes fortdauernde Erpressungen auf den Vater des Kindes auszuüben sucht. —

Diese segensreiche Einrichtung, welche den unehelichen Kindern ungeahnte Vortheile für ihr Leben und Gesundheit gebracht hat, wird jetzt von 2 Gefahren bedroht, welche hoffentlich beide noch abzuwenden sind. Die eine Gefahr wird durch die sächsischen Verwaltungsbehörden selbst angezeigt und zwar in zweifacher Hinsicht. — Es wird in einzelnen allerdings wenigen Fällen von dem Anschluß der Generalvormundschaft an das Armenamt abgesehen und eine unbetheiligte Person als Vormund sämmtlicher unehelicher Kinder bestellt. — Ferner tritt man, und ist dieses aus juristischen Gründen ja begreiflich, zu sehr zu Gunsten der Generalvormundschaft gegenüber der anderen Ueberwachung der Kinder durch besoldete Pflegerinnen ein, trennt diese beiden Theile, gleichsam als juristische und hygienische Hälfte und findet, daß der Kostenersparniß wegen außer den großen Städten freiwillige Pflege genügend sei. — Diese Trennung ist aber, soll für die unehelichen Kinder wirklich ein Vortheil entstehen, absolut unmöglich, die besoldeten Pflegerinnen können, wie ich nachgewiesen habe, nicht entbehrt werden, denn der Vormund soll nicht nur die juristische, sondern auch körperliche und geistige Ueberwachung leiten und dadurch sind sie die wahren Vermittlerinnen zwischen Kinder und Generalvormund und geht ihre Einführung nicht Hand in Hand mit der Generalvormundschaft, so ist zu erwarten, daß dasselbe mit der Zeit sich zu einer gleichen Schablone herausbildet, wie die Waisenräthe in Preußen. Der Kostenpunkt kann wegen seiner Geringfügigkeit nicht in Frage kommen, überall finden sich in kleinen Städten eine Lehrersfrau, welche baldigst angelernt ist und bei wenigen Kindern nur eines sehr geringen Gehaltes bedarf. — Eine Pflegerin kann ohne Generalvormund keinen Einfluß ausüben, ebenso würde in umgekehrter Hinsicht die Generalvormundschaft ohne Pflegerin nur den halben Nutzen zeigen, dieses dürfte aus den obigen Erörterungen hervorgehen. —

Noch mehr wird aber der Erfolg getrübt, wenn eine unbetheiligte Person als Generalvormund ernannt wird. Die Verbindung mit dem Armenamte ist dann viel zu sehr gelockert, die schnelle und leichte Uebergabe an die anderen Verwaltungszweige dieses Ressorts schafft vielfach bedeutende Erleichterungen welche wegfallen; ferner kann auf keine andere Weise der für die Väter so nothwendige behördliche Hintergrund erzielt werden. Die Belastung der Leiter des Armenamtes ist dabei zu vermeiden. Die laufenden Geschäfte sind von einem Unterbeamten zu besorgen, von dem es allerdings nothwendig ist, daß er länger diesem Verwaltungstheile erhalten bleibt, weil nur allmählich die nothwendigen Lebenserfahrungen erworben werden, welche oft zur Herbeiführung eines glücklichen Ausgangs erforderlich sind. Gerade auf diesem Gebiete ist eine durchaus passende Persönlichkeit, wie es jetzt in Leipzig der Fall ist, auszusuchen, da oft ein großer Tact zur Lösung der verwickelten Fragen nothwendig ist. Bei einem so großen Zusammenfluß unehelicher Kinder, wie in Leipzig, bleibt dann für den Generalvormund immer noch eine Arbeitslast übrig, welche er selbst nur erledigen kann, doch ist dieses nur in den wenigen Großstädten von dem

Umfang Leipzigs mit Entbindungsanstalten der Fall. — Der Nutzen der Einrichtung kommt zwar der Gemeinde durch Verminderung der Waisenkinder selbst zu Gute, doch erhalten den größten Vortheil die kleineren Gemeinden, in welche, wie ich nachwies, die Kinder aus den großen Städten nach dem 2. Lebensjahre in der Mehrzahl gebracht werden. Der väterliche Beitrag ist dann geregelt, das Kind über die schwierigste Lebenszeit, welche die größten Kosten im Anfang verursacht, gebracht worden. Für die großen Städte, in welchen die Concentration von unehelichen Geburten stattfindet, entstehen höhere Kosten, deren Nutzen das ganze Land erhält. In Leipzig betragen z. B. die Ausgaben:

Honorar an Ziehkinderärzte	1750	Mark
„ „ 6 Pflegerinnen	3150	„
Prämien an Ziehmütter	350	„
Bandagen, Medikamente	500	„
Holz- und Kohlenzettel . . .	260	„
Druckkosten, Insertionsgebühren	100	„
Verschiedener Aufwand .	300	„
1 Registrator . . .	1780	„
Zuschuß an Armenärzte	. 1000	„
	9100	Mark
Einnahmen aus dem Stiftungscapital	. 404	„
	8696	Mark

Diese Verhältnisse, die Belastung der großen Städte besonders durch die Staatsanstalten (Entbindungsinstitute) erfordern gebieterisch einen Staatszuschuß zu den Verwaltungskosten, wie er ja auf anderen Gebieten so bereitwillig gewährt wird. — Der Staat ist um so mehr berechtigt, diesen Beitrag zu zahlen, da hierdurch nicht eine Beförderung der unehelichen Geburten entsteht, sondern nur auf diesem Wege allein eine Beschränkung erzielt werden kann. Die Heranziehung der Eltern zu ihrer Pflicht macht sie gegen erneute Anfechtungen fester, die Fälle werden dann immer weniger, wo ein Mann nach Schwängerung eines Mädchens dieselbe im Stich ließ und mit einer anderen sein Spiel begann. Hierzu ist dann aber immer noch eine strengere Heranziehung des Vaters, was leicht im Verwaltungswege geschehen kann, dringend nothwendig. Ein großer Theil der Väter entzieht sich deshalb immer noch unserem Einflusse, weil ihr Einkommen derartig ist, daß der Beitrag gesetzlich nicht abgezogen werden kann. Im Armenbericht für das Jahr 1886 erlaubte ich mir Folgendes über diesen Gegenstand zu bemerken:

„Es liegt hier ein offenbarer Gesetzesmangel vor.

Die Kosten der Unterhaltung eines lebenden Kindes können unmöglich auf die gleiche Linie mit einer zu bezahlenden Schuld gestellt werden, zu deren Bezahlung nur von einer gewissen Einkommenshöhe ab Abstriche möglich sind.

Nur hierdurch allein entsteht die Belastung der Mütter, weil der Durchschnitt der Väter ein Einkommen unter diesem gesetzlichen Minimum besitzt. Hier sollte doch ein Vergleich mit einem ehelichen Vater gezogen werden, welcher nach unseren jetzigen armenpolizeilichen Gepflogenheiten, wenn er seiner Pflicht zur Ernährung seiner Familie nicht nachkommt, zur Zwangsarbeit angehalten wird. Es dürfte eine solche Maßregel auch selbst bei den Vorkämpfern für Freiheit und Rechtsstaat um so weniger Anstoß erregen, wenn sie erfahren, daß in einem so demokratisch eingerichteten Staatswesen, wie Norwegen, ein ähnliches Verfahren in Geltung ist, wie sich aus folgender, an das Armenamt gerichteten Zuschrift des Directors des Armenwesens zu Christiania ergiebt:

Christiania, den 15. December 1886.

An
den Herrn Stadtrath Ludwig-Wolf
Leipzig.

Mit verbindlichster Danksagung für die in Ihrem Geehrten vom 4. d. M. über die Verhaltsvorschriften betreffend das Prostitutionswesen in Leipzig gesandten Auskünfte, ist es mir gleichzeitig ein Vergnügen, Ihnen auf Ihre Frage, wie man nach norwegischem Rechte mit dem Eintreiben der Beiträge außerehelicher Väter umgeht, Folgendes mitzutheilen:

Die Höhe des Beitrages wird von der höheren Obrigkeit festgestellt (von dem Amtmanne oder bei den Militären, die eine feste Stellung haben, von dem Brigadechef).

Der Beitrag dauert, bis das Kind sein 15. Jahr erfüllt hat und wird vierteljährlich bezahlt.

Wird nicht bezahlt, wird der Beitrag der Personen, die öffentliche Löhnung, Pension oder Wartegeld haben, von den öffentlichen Kassen einbehalten, während der Beitrag Anderer durch Auspfändung eingetrieben wird (ein summarisches Executionsmittel, das nicht processualischen Rechtshandels und folgenden Urtheils bedarf, sondern in dem von der höheren Obrigkeit erlassenen Decrete seine Begründung hat).

Wenn man auf diese Weise die Beiträge nicht erhalten kann, hat man gegen die Militärs kein weiteres Zwangsmittel, wogegen andere außereheliche Väter zur Zwangsarbeit angebracht werden können. Die Arbeit geschieht in Zwangsarbeitshäusern, die, ohne in Verbindung mit den Strafanstalten zu stehen, errichtet sind.

Zwangsarbeit kann man jedoch nicht denjenigen Vätern, die eheliche Kinder zu versorgen haben, auflegen.

Von der für die Arbeit stipulirten Bezahlung wird ein Drittel zur Erziehung des Kindes abgehalten.

Sowohl die Auspfändung als die Zwangsarbeit kann nur für den Beitrag des letztverlaufenen Jahres, bevor die Hülfe der Obrigkeit verlangt ist, in Anwendung gebracht werden, während ältere Beiträge wie andere Schulden eingefordert werden können.

J. A. Juell.

Die Summe im Durchschnitt von 1 Mk. 50 Pfg. bis 2 Mk. pro Woche ist so klein, daß sie jeder Vater, wie ich in früheren Berichten nachwies, entbehren kann, während die alleinige Zahlung des ganzen Pfleggeldes der Mutter vollkommen unmöglich wird. Ein anderes Mittel als die Gleichstellung mit den ehelichen Vätern, und vielleicht mehr auf gesetzlichem Boden sich bewegend, wäre es, die Unterhaltsbeiträge nicht mehr als gewöhnliche Schuld zu betrachten, sondern (theils wegen ihrer Nothwendigkeit zur Erhaltung eines lebenden Wesens, theils wegen ihres geringen Betrages) unter allen Umständen von einem jeden Einkommen abzugsfähig zu machen.

Unseren früheren Gesetzgebern waren solche nur zu häufig vorkommende Verhältnisse, wie ich sie in den verschiedenen Berichten geschildert habe, unbekannt, da ein Einblick in einem solchen Maße, wie in Leipzig, nirgends vorhanden war, sie gingen von den besseren Ständen aus und berücksichtigten nicht die große Masse; nur hierdurch ist die unberechtigte Belastung der Mutter erklärlich. Ebenso muß aber gegen die leichtsinnigen außerehelichen Mütter vorgegangen werden, welche theils durch geistige Schwachheit, theils durch perverse geschlechtliche Reize mehrere Kinder (wir kennen Personen mit 6 und 9 Kindern) besitzen. Einem Kinde das Leben zu geben und zu wissen, daß die geringsten Unterhaltungsbedingungen fehlen, ist halber Kindesmord. Eine derartige Person ist nicht berechtigt, die persönliche Freiheit zu bewahren, sie gehört in das Arbeitshaus und kostet dem Staate dann weniger, als eine fortlaufende Reihe von zu ernährenden Kindern."

Dresden hat nun seit dieser Zeit in der von Herrn Stadtrath Kunze verfaßten Verwaltungsordnung für die städtische Zwangsarbeitsanstalt eine Gleichstellung der ehelichen und unehelichen Väter geschaffen. — Im zweiten Paragraph findet sich die nachfolgende Verordnung: „Diejenigen natürlichen Väter, welche es unterlassen, den ihnen gesetzlich obliegenden und richterlich festgesetzten oder mit ihnen vereinbarten Beitrag zum Unterhalt des von ihnen außerehelich gezeugten Kindes zu bezahlen, obschon ihre

Vermögensmittel oder Arbeitskräfte dazu hinreichen, dafern in dessen Folge das Kind auf öffentliche Kosten unterhalten und erzogen werden muß, werden in die Arbeitsanstalt aufgenommen." — Der betreffende Paragraph der Leipziger neuen Zwangsarbeitsanstalt ist zwar milder geformt, kann aber gleichfalls dazu benutzt werden, derselbe lautet: „Die Zwangsarbeitsanstalt dient b) zur Unterbringung und angemessenen Beschäftigung solcher Personen, welche, ohne einer der sub. a gedachten Kategorien anzuhören, fortgesetzt und trotz erhaltener Verwarnung sich grundlos, insbesondere aus bösem Willen der Fürsorge für diejenigen Personen entziehen, zu deren Unterhalt sie beizutragen verpflichtet sind, dafern diese Personen Unterstützung aus öffentlichen Mitteln beziehen." Die Ausführung dieser Maßregel gegen die unehelichen Väter wird in den seltensten Fällen nothwendig sein, die Androhung durch den Generalvormund wird fast stets genügen, um die Zahlung des geringen Beitrages, welcher nur einige Glas Bier und Cigarren weniger erfordert, zu erzielen. Doch muß der Generalvormund die Gewalt zur Ausführung in der Hand haben und dieses ist gleichfalls nur durch direkten Anschluß an die Behörde zu ermöglichen.

Nochmals muß ich nach den Erfahrungen der letzten Jahre das energische Vorgehen gegen eine große Zahl von unehelichen Müttern betonen. Wir können unter diesen drei Classen unterscheiden. „Erstens »die Bethörten, welche zum größten Theile Mitleid verdienen, sie lieben ihr Kind und sorgen für dasselbe unter den größten Entbehrungen.« Zweitens »Frauenzimmer ohne jedes sittliche Gefühl und ohne die geringste Liebe zu ihrem Kinde, welches sie lieber gestorben wissen, das Ziehgeld nicht bezahlen können und dabei bald einem anderen Kinde das Leben geben.« Drittens »Mädchen mit krankhaft erregtem Geschlechtssinn.«" —

Der zweite Theil der unehelichen Mütter ist immer mehr in der Zunahme begriffen und kann hier nur durch das Zwangsarbeitshaus oder Magdalenenstifte nach dem Vorbild von Pastor Isermeyer Hilfe geschafft werden.

Auf dem Verwaltungswege ist ferner noch eine Verordnung leicht zu erzielen, welche bei der Adoption von größter Wichtigkeit ist. Bei der großen Anzahl kräftiger und gesunder Kinder, welche in Leipzig beaufsichtigt werden, finden sich immer arme Wesen, deren Sorge die Mutter gern enthoben ist und welche sich zur Adoption eignen.

Diese Verhältnisse sind bekannt geworden und haben wir zahlreiche Annahmen von Kindern in die fernsten Gegenden Deutschlands vermittelt. Vor mir liegt die eben erhaltene Photographie eines vor mehreren Jahren adoptirten Kindes, über das die jetzigen Eltern nicht genug ihre Freude aussprechen können. Nach der jetzigen Vormundschaftsregel ist es nun Sitte, daß in dem abzuschließenden Vertrag mit der wahren Mutter, Name und Stand der neuen Eltern mitgetheilt wird. Dieses kann sich, wie uns Fälle zur Beobachtung gekommen sind, für später vom größten Nachtheil für die Annehmenden und das Kind zeigen. Es sind fast ausnahmslos begüterte Familien, welche zur Adoption schreiten, die wahre Mutter heirathet dann später, kommt oft durch einen arbeitsscheuen Mann in die elendste Lage, und nun hängt das Damoklesschwert von fortdauernden Erpressungen über den neuen Eltern und einem Kinde, welches die wahre Mutter nie gekannt hat. Entschließt sich eine Mutter, ihr Kind wegzugeben, will sie dadurch der Sorge um dasselbe enthoben sein, so hat sie auch nicht die Berechtigung, diejenigen zu kennen, welche an ihrer Stelle Sorge, Mühe und Kosten der Entwickelung des Kindes auf sich nehmen. Die Obervormundschaft und der Generalvormund kennt die Anzunehmenden, es ist dann auch nur in dem Vertrage nothwendig, daß die wahre Mutter die nothwendige Erklärung ihrer Einwilligung abgiebt. Es würde dieses auch nicht gegen das neue bürgerliche Gesetzbuch verstoßen, da § 1610 nur von der Einwilligung der Mutter spricht, und nicht betont wird, daß der Annehmende für die Mutter benannt wird, nur für den Anzunehmenden. Wenn eine Mutter mich bittet, ihr Kind unterzubringen, erkläre ich ihr im Voraus, daß sie den Ort, wohin das Kind käme, nicht erfahren würde. Nur in einem Falle weigerte sich anfangs ein Dienstmädchen, es dann abzugeben, wiederholte aber später von sebst ihre Bitte, und sprach mir, später verheirathet, ihre Dankbarkeit aus, daß alles so gekommen wäre.

Wie ich in früheren Berichten an das Armenamt und meinem Vortrag auf dem Städtetag hervorhob, ist dann aber auch eine weitere zwangsweise Ausdehnung der Generalvormundschaft auf alle unehelichen Kinder von Geburt an absolut nothwendig und leicht durchzuführen. Der Jurist erschreckt jetzt vor diesem Gedanken auf gleiche Weise, als ich vor Jahren mir erlaubte, die Generalvormundschaft anzuregen, deren Einführung dann so leicht gelang. Schon in frühester Zeit erstreckte nach dem Sachsenspiegel der König seinen Schutz auf die unehelichen Kinder aus, weil keine Menschenklasse in frühester Jugend seines Schutzes so bedürfte. Das uneheliche Kind muß beschützt werden von Geburt an, es ist genug geschildert, wie es der Beihülfe bedarf und uns ist es dabei vollkommen gleichgültig, ob es bei Fremden, Verwandten oder der eigenen Mutter sich befindet. Kerchensteiner wies in München nach, wie gerade die bei den Großeltern untergebrachten Kinder die größte Sterblichkeit zeigten und haben wir in Leipzig die sichere Erfahrung gewonnen, daß die bei der Mutter und Verwandten untergebrachten Kinder, wenn sie dann in andere Verpflegung zur Controle kommen, in der größten Mehrzahl der Fälle schlecht entwickelt waren. Die Sterblichkeit bei der eigenen Mutter ist sicher wesentlich höher, als bei Zieheltern. Es starben in Leipzig in den ersten 3 Monaten 1891 80 uneheliche Kinder. Davon waren nur 13 bei der Ziehkinderanstalt eingetragene. Rechne ich noch 7, die vor der Eintragung bei Zieheltern starben, so bleiben noch 60 Kinder übrig, die zum größten Theile bei der Mutter untergebracht waren und daselbst zu Grunde gingen. Der Staat hat das Recht und die Pflicht, hier rettend einzugreifen, dies beweisen die vielfachen Kindesmorde und die Verhältnisse, welche wir schilderten. Durch die allgemeine Einführung der Generalvormundschaft bei einem jeden unehelichen Kinde, unmittelbar nach der Geburt, würde eine bedeutende Zeitersparniß erzielt, die Verhältnisse schon vom Beginn an geregelt, was besonders bei Heranziehung des Vaters äußerst wichtig ist, da derselbe noch unter dem moralischen Eindruck der eben stattgefundenen Entbindung steht und nicht entwichen ist. Es würden ferner auch durch die schnellere Betheiligung am Ziehgelde für den Vater geringere Summen, was in den unteren Klassen sehr wichtig ist, anwachsen, und die Mutter könnte sofort der Ziehmutter mit dem Kinde auch Ziehgeld übergeben. Der Nutzen liegt so klar zu Tage, daß mit der Zeit die Einführung erfolgen muß, nachdem in Leipzig die Bahn geebnet worden ist. Ein Nachtheil ist absolut nicht vorhanden, dieses kann aus dem Leben heraus jetzt sicher behauptet werden. Das Einzige, was hier vorgebracht werden könnte, dürfte sein, es würde der Familiensinn untergraben, und führt Herr Bürgermeister Ebeling einige Ausnahmsfälle an, wo das Kind bei den Großeltern untergebracht, von dem Großvater bevormundet wurde und der uneheliche Vater daselbst verkehrte. Er fürchtet, daß bei der Entziehung der Vormundschaft das Pflichtgefühl der Großeltern nachlassen und das Kind der Gemeinde anheimfallen würde. Abgesehen davon, daß Herr Bürgermeister Ebeling es selbst nur als Ausnahme bezeichnet, welches die Regel nicht ändern kann, muß ich aus der Menge der Leipziger Erfahrungen heraus einen irgendwelchen Nachtheil der Generalvormundschaft auch in dieser Hinsicht bestreiten. In den wenigen Fällen, in denen sich ein Vormund zur Abgabe seiner Thätigkeit weigerte, lagen häufig egoistische Motive zu Grunde, in einigen Fällen war er selbst der Vater des Kindes, aber um dessen günstige Fortentwickelung wenig besorgt. Hat sich der Gedanke erst eingebürgert, weiß man, daß die Gemeinde Vormund der unehelichen Kinder ist, so tritt eine selbstverständliche Auffassung ein, die Großeltern nehmen sich des Kindes auf gleiche Weise an, um ihrer Tochter den Ziehkinderbeitrag zu erleichtern, wie wir es täglich beobachten können, da ein größter Theil der in Leipzig verpflegten Kinder zu den Großeltern, trotzdem dieselben nicht Vormund sind, gebracht werden. Häufig bedauerten Großeltern, daß sie dadurch von dem Nutzen der Generalvormundschaft ausgeschlossen wären. Es müßte dann auch die Obervormundschaft nachtheilig wirken. Man zaudert vor dem Gedanken einer allgemeinen Einführung für alle unehelichen Kinder nur allein wegen dem Noli me tangere der ganzen Materie, fürchtet unbewußt Aufdeckung von Verhältnissen in den wohlhabenderen Kreisen und berücksichtigt dabei nicht, in welchen Bruchtheilen solche Kinder vorhanden sind, wie selbst gerade hier die Generalvormundschaft am nothwendigsten ist, weil diese Kinder im Durchschnitt die verlassensten sind. Zahlreiche Beispiele können wir als Beweis anführen. Fast immer suchen sich solche Eltern ihren Verpflichtungen so schnell als möglich zu entziehen, und durch eine einmalige Zahlung abzukaufen. Hier zeigen sich noch Nachtseiten der Gesellschaft, welche öffentlich nicht besprochen sind, aber die strengste Aufmerksamkeit der Behörden erfordern. Dieses Verkaufen des Kindes ist keine Ausnahme in großen Städten. Die Zieheltern nehmen das Kind gegen eine Summe von 600 Mark z. B. und verpflichten sich dafür, es als ihr eigenes Kind zu erziehen und von einem jeden ferneren Anspruche abzusehen. Das Geld kommt also nicht dem Kinde, sondern den Zieheltern zu Gute. Nach dem Verbrauch hört die Einnahme für das Kind auf und wird es nun als unberechtigter Eindringling, als Last angesehen und danach behandelt. Bei größeren Kindern tritt die schlechtere Verpflegung früher zu Tage, erfolgt dagegen die Zahlung bald nach der Geburt, so ist das Leben des Kindes leicht durch nachlässige Pflege gefährdet, da die Ziehmutter keinen Vortheil von dem Kinde für die Zukunft mehr besitzt. Es sollte daher gesetzlich streng verboten werden, ohne Kenntniß der Obervormundschaft gegen eine festgesetzte Summe ein Kind für immer an eine Familie zu vergeben. Denn gewöhnlich geschieht es durch einen Privatvertrag, von denen die Behörde nichts erfährt. Wird die Generalvormundschaft überall eingeführt, die Eltern schon bald nach der Geburt des Kindes vorgefordert, so werden diese Fälle am schnellsten zur Beendigung gelangen, das Amt tritt als Mittelsperson ein, nimmt die Abstandssumme in Empfang und bezahlt aus dessen Zinsen die Pflegemutter. Es wird also gerade auch hier viel leichter ein Verschweigen erzielt, da die Beamten durch den Amtseid, ebenso wie die Pflegerin verpflichtet sind, als wenn die unehelichen Eltern direct mit den Zieheltern in Verhandlung treten.

Diese Darlegungen zeigen, wie erweiterungsfähig das Leipziger System ist und wie leicht ein Anschluß in jeder Beziehung an dasselbe möglich ist. Von unendlichem Vortheile für die unehelichen Kinder und leicht zu ermöglichen würde die allgemeine Einführung und die dazu erforderliche Staatshülfe für die großen Städte sein. Für derartige größere Complexe ist dann ein Ziehkinderarzt nothwendig, welcher nur diesem Berufe der Controle der unehelichen Kinder obliegt. Durch eine allgemeine Einführung nicht nur in Sachsen, sondern in ganz Deutschland und auch Oesterreich, würde erst der sichere Nutzen erzielt, weil ein Amt dann für das andere eintritt, und so die schnelle Belangung des unehelichen Vaters, bei dessen häufigem Verlassen des Geburtsortes des Kindes nach dessen Geburt, zu erzielen ist. Die Richtigkeit dieser Behauptung ergiebt Leipzig selbst, wo der große Nutzen erst entstand, als die Vorstadtdörfer zum Anschluß gelangten, je größer der Kreis, desto erheblicher der Erfolg, möchten beide Reiche durch anschließende Gesetze hier heilend eingreifen.

VI.

Ich erwähnte Seite 48, daß zwei Gefahren gegen unser Leipziger System zu Tage treten, die eine habe ich geschildert, sie ist leicht abzuwenden. Als zweite Gefahr erheben sich einige Paragraphen des neuen bürgerlichen Gesetzbuches. Nach § 1635 Zusatz wird zwar dem Landesgesetze die Möglichkeit gegeben, die allgemeine Vormundschaft für die Insassen dem Anstaltsvorstand, es geschieht aber nicht von außerhalb der Anstalt befindlichen Pfleglingen, also wird das für unsere Generalvormundschaft wichtigen Verhältnisses Erwähnung. Es wurde deshalb auch von der 10. Jahresversammlung des deutschen Vereins für Armenpflege 1889 ein Zusatz beantragt, der den Vorstand der Verpflegungsanstalten aus Stiftungen ein Vormundschaftsrecht giebt, auch dann, wenn die Mündel außerhalb der Anstalt in von dem betreffenden Vorstande ausgewählten Familien untergebracht sind. Es ist dieses auch für die offene Weisenpflege von größter Bedeutung. — Dieser Zusatz ist daher dringend zu fordern. Gegen die Erfolge des Waisenrathes erheben sich in Preußen gewichtige Stimmen, der Gemeindewaisenrath des neuen bürgerlichen Gesetzbuches (§ 1725. Motive Seite 1017 u. 1225) ist für die unehelichen Kinder absolut nutzlos, es ergiebt sich dieses durch den großen Wechsel des Wohnsitzes der Kinder und ihre große Anzahl in den großen Städten, zu deren Beobachtung freiwillige Kräfte nicht im Entferntesten ausreichen. Der Hauptzweck des Waisenrathes soll nach dem neuen bürgerlichen Gesetzbuche hauptsächlich in der Vermögensüberwachung des Kindes bestehen, was bei unehelichen Kindern nicht vorhanden ist. Unsere deutschen Gemeindevorstände und Leiter derartiger Verpflegungsanstalten sind doch jetzt glücklicherweise so, daß ihnen eher als Privatpersonen die Generalvormundschaft anvertraut werden kann, es fehlt auch dem zukünftigen Gemeinde-Waisenrath das Haupterforderniß zu Gunsten der unehelichen

Kinder, die Schnelligkeit des Handelns und die Autorität und die Macht der Behörde. — Einen weiteren Nachtheil zeigt § 1572 des neuen bürgerlichen Gesetzbuches. Derselbe lautet: „Als Vater des unehelichen Kindes gilt derjenige, welcher mit der Mutter desselben innerhalb der Empfängnißzeit den Beischlaf vollzogen hat, es sei denn, daß innerhalb dieser Zeit von einem Andern der Beischlaf mit der Mutter vollzogen ist. — Diese Fassung zeigt eine Aenderung des früheren preußischen Landrechtes, in welchem eine Unterhaltungspflicht von Seiten des Vaters für das uneheliche Kind nicht bestand, wenn die Mutter:

1. Während der Conceptionszeit mit mehreren Männern Beischlaf vollzogen hatte.
2. Eine in geschlechtlicher Beziehung bescholtene Person war, sie
   a. Bezahlung in Geld oder Geschenken genommen,
   b. wegen unzüchtigen Lebenswandel berüchtigt war,
   c. schon früher außer der Ehe von einem anderen, als dem als Erzeuger des Kindes bezeichneten Mann geschwängert worden ist.
   d. wenn sie früher sich eines Ehebruchs schuldig machte.
   e. wenn sie den angeblichen Schwängerer, welcher jünger als sie und noch nicht volle 20 Jahre alt war, zum Beischlaf verführte. —

Diesen Bescholtenheitsparagraph hat das neue Gesetz glücklicher Weise ausgeschaltet und nur die exceptio plurium concumbentium, den Ausschluß der Unterhaltungspflicht, falls die Mutter mit noch einer Person, während der Empfängnißzeit geschlechtlich zusammen war, verordnet. — Die Motive erkennen die Nachtheile des früheren preußischen Gesetzes an, sie heben wörtlich hervor, § 889: „Daß der Begriff der Bescholtenheit wegen seiner Unbestimmtheit und Dehnbarkeit praktisch im hohen Grade bedenklich ist. Für einen Beklagten, welcher nicht zahlen will, bietet die Einrede der Bescholtenheit ein erwünschtes Mittel, den Versuch zu machen, sich seiner Pflicht zu entziehen. Zeugen, welche bereit sind, über den Ruf einer Frauensperson in geschlechtlicher Beziehung Nachtheiliges auszusagen, welche an sich vielleicht unverfängliche Dinge in ausgeschmückter und gefärbter Weise vortragen, finden sich namentlich unter den Freunden des Beklagten oder unter den Feinden der Mutter zu leicht. Auf diese Weise dient jene Einrede nicht nur dazu, die Prozesse zu vermehren und die Durchführung begründeter Ansprüche zu erschweren oder gar zu vereiteln, sondern sie giebt auch zu Meineiden und widerwärtigen Verhandlungen Anlaß."

So sprechen sich die Motive über das Bescholtenheitsgesetz aus und bringen dasselbe nur in milderer Fassung: Trotz der großen Scharfsinnigkeit, mit welcher die ganzen Betrachtungen über dieses Thema (von Seite 851) ausgeführt sind, mangelt oft der Anschluß an die Praxis und tritt unwillkürlich die Schonung des Mannes gegenüber der Frau zu Tage.

Der Paragraph 1572 stützt sich in seinem Zusatze, Ausschluß der Kostenbeiträge von dem Vater, falls die Mutter zur gleichen Zeit mit einem Anderen den Beischlaf vollzogen haben soll, auf einen Ausnahmezustand, von dem man glaubt, daß er im Leben viel häufiger vorhanden sei. Die Personen, Dirnen oder Grisetten, welche sich zu gleicher Zeit mehreren Männern zum Beischlaf hingeben, erhalten zum größten Theile keine oder syphilitische Kinder, welche nicht lebensfähig sind und bei denen daher die Alimentations-Ansprüche wegfallen. Auf den Durchschnitt der Mütter hat der Zusatz keine Berechtigung, es giebt sich dieser schon aus einer Betrachtung der obigen Statistik. Der Entwurf sagt, daß bei dem Fehlen dieses Zusatzes es zu erwarten wäre, daß das Dirnenwesen gefördert werden könnte, weil sich eine Frauensperson anderen Männern hingeben könnte, um sich dann den besten auszusuchen. Die Frau zieht in diesen Momenten keine juristischen Consequenzen, es sind nur Ausnahmefälle, wo das geschieht; man könnte dann auch nach der jetzigen Fassung im Gegentheil annehmen, wie die Motive beim Bescholtenheitsparagraphen ausführen, daß der Mann Alles daran setzt, um bei der Mutter des Kindes einen schlechten Leumund in Erfahrung zu bringen oder zu vermitteln. Jedenfalls wird schon der Feststellung wegen eine Verschleppung eintreten, und wie schädlich dieselbe für das Gedeihen des unehelichen Kindes ist, suchte ich genügend zu beweisen. Der Zusatz des Gesetzes ist auf Ausnahmszustände basirt. Auf die allgemeine Sittlichkeit muß der Paragraph höchst schädigend einwirken, denn er billigt den Verkehr mit übel beleumundeten Frauen, weil er ihn straflos macht. Die Mutter wird hierdurch am wenigsten bestraft, sondern nur das Kind, die unbetheiligten Zieheltern und in letzter Linie der Staat selbst. Wie der Staat von der Mutter verlangt, hat er auch selbst die Pflicht, das Product des Fehltrittes, das unschuldige Kind, so viel als möglich zu beschützen. Auf der einen Seite dictirt er die härtesten Strafen gegen Kindesmord und Kindesaussetzung und nimmt auf der anderen Seite durch Paragraph 1572, Zusatz, vielen Kindern die Mittel zum Leben. Wenn Jemand einen außerehelichen Beischlaf eingeht, so kennt er die Folgen und muß sich derselben bewußt sein, besonders da der Mann mit wenigen Ausnahmefällen als der Verführer bezeichnet werden muß. Aus den Motiven geht hervor, wie den

Verfassern des Entwurfes das Wohl der unehelichen Kinder, die Verbesserung ihrer Verhältnisse in sittlicher und materieller Hinsicht, am Herzen gelegen hat. Sie haben den berüchtigten Paragraphen des Code Napoléon: „La recherche de la paternité est interdite“, nicht vereinbar gehalten mit der Würde des deutschen Volkes. Die Nothwendigkeit des väterlichen Beitrages stützt sich darauf, daß:

1. „die Vaterschaft meistens festzustellen und dann die Berechtigung der Miterhaltung des Kindes vorhanden ist (Die Richtigkeit dieser Annahme ergiebt meine Statistik. Verf.).
2. die Zahlung den in Deutschland vorherrschenden Rechtszuständen entspricht.
3. Durch Beseitigung der Alimentenklagen würden sich die Verhältnisse noch ungünstiger gestalten.
4. Der Wegfall würde hauptsächlich auf die Entlastung der Wohlhabenden hinauslaufen und die öffentliche Armenlast nicht unerheblich belasten.“

Das neue deutsche Gesetz fordert also die Heranziehung des Vaters, es muß daher auch alles darin fortfallen, was diese Haftpflicht erschwert und ist aus diesem Grunde die Annahme des in Sachsen bestehenden Gesetzes dringend nothwendig. Es ist mir bei der großen Anzahl von Erlebtem nur ein energischer Protest dagegen vorgekommen, und dieser stammt von — einem preußischen Juristen, welcher als Vater eines unehelichen Kindes herangezogen wurde und den Mangel des Bescholtenheitsgesetzes bedauerte, da er annahm, die Mutter des Kindes wäre nicht allein die Seinige gewesen. Wir kannten aber die Verhältnisse genau, um das Falsche dieser Behauptung nachzuweisen und entstand später von seiner Seite eine große Vorliebe für das Kind. Die allgemeine Einführung der Generalvormundschaft schließt eine immer größere und sichere Feststellung der Väter in sich ein, hierdurch wird der gerügte Nachtheil des sächsischen Gesetzes immer geringer, es könnte nur ausnahmsweise ein falscher Vater herangezogen werden, also nur sehr selten ein Einzelner leiden, während die jetzige Fassung des Paragraph 1572 der Allgemeinheit den größten Schaden verursachen muß.

Bei der ehelichen Vaterschaft hält der Entwurf an der wirklichen Vaterschaft nicht immer fest und begründet dieses (S. 8857) durch die Würde der Ehe und Erhaltung des Familienstandes. Hier aber kommt als gleichberechtigt das kindliche Leben in Betracht, welches nur durch Schaffung seiner nothwendigen Unterhaltungsbeiträge gerettet werden kann.

Der edle Gesichtspunkt der Verfasser des neuen Gesetzbuches tritt vor Allem in der Frage der Erbberechtigung zu Tage, besonders um dem armen Kinde eine Heimath zu schaffen, bestimmt das Gesetz § 30 und § 156 für dasselbe dieselben Rechte der Erbberechtigung gegenüber der Mutter und ihren Verwandten, als wenn das Kind ein eheliches wäre. — Zu dem Vater und seinen Verwandten stehen sie dagegen in keiner Beziehung. Diese Bestimmung entspricht dem wahren Leben, wenn es auch die Mutter, wie immer, mehr belastet. Wenn die Mutter auch in den ersten Jahren dem Kind oft fern steht, so kommt es im Durchschnitt später zur mütterlichen Familie und würde durch Ausschluß der vollständigen Erbberechtigung viel isolirter dastehen und die unberechtigte Härte des Schicksals gerade in den späteren Jahren bedeutend mehr empfinden. — Wir haben hier zwar auch einige Fälle erlebt, deren ich in den Motiven nicht gedacht finde, wo ein sicherer Nachtheil des Gesetzes sich fühlbar machte. Eine Mutter besaß z. B. ein uneheliches Kind, welches sie bei Verwandten untergebracht hatte und von dem sie bei ihrer nachherigen Verheirathung wie es öfter geschieht und vom reinmenschlichen Standpunkt begreiflich, aber nicht zu rechtfertigen ist, ihrem Manne keine Mittheilung machte. Sie starb schnell, ohne Vorbereitungen getroffen zu haben und plötzlich trat ein unbekanntes Kind als Mitberechtigter bei der Erbtheilung auf. Wie das Andenken der Verstorbenen, welche mit Gatten und Kindern auf das Glücklichste gelebt und ihren Fehltritt durch das reinste Leben zu büßen gesucht hatte, in den Staub gezogen wurde, ist begreiflich. — Diese Ereignisse kommen vor. Es sind aber Ausnahmefälle, nach denen sich ein Gesetzbuch nicht richten kann, dann aber muß auch gefordert werden, wenn hier die Mutter der Ausnahme wegen mehr als der Vater belastet wird, daß auch bei dem Vater die Ausnahme nicht zur Regel wird, es ergiebt sich mit Nothwendigkeit die Rückkehr zum sächsischen Gesetze. Weglassen der obigen Worte: „es sei denn, daß innerhalb dieser Zeit auch von einem andern der Beischlaf mit der Mutter vollzogen worden ist.“ —

Das sächsische Gesetz lautet einfach: „Als Schwängerer gilt derjenige, welcher mit der Geschwängerten in dem Zeitraume zwischen dem einhundertundachtzigsten Tage und dem dreihundertundzweiten Tage vor deren Niederkunft, den Tag desselben ungerechnet, den Beischlaf vollvollzogen hat.“ —

VII.

Im Anschluß an unsere Institution wurde mir häufig die Frage vorgelegt, sind aus diesen Verhältnissen Schlüsse zu ziehen, auf welche Weise der Zunahme der unehelichen Kinder entgegen gearbeitet werden kann? Nur mit wenigen Worten will ich diesen Punkt berühren.

Die merkwürdigsten Gründe werden für diese Zunahme der unehelichen Kinder angeführt, während die Ursache nur in den jetzigen Lebensverhältnissen zu suchen ist. Die gesellschaftlichen Zustände der letzten 50 Jahre haben sich auf das Wesentlichste verändert. Was früher Ausnahme war, ist Regel geworden, das Mädchen ist isolirt, zeitig vom Hause entfernt, als Fabrikmädchen, Verkäuferin oder Dienstmädchen. Bei dem Letzteren ist der patriarchalische Zusammenhang mit der Herrschaft gelöst, es steht derselben durch beiderseitige Schuld egoistisch gegenüber, die Herrschaft enthält sich im Durchschnitt einer moralischen Einwirkung auf das Mädchen. Bei den Fabrikarbeiterinnen bewirkt der ungezwungenste Verkehr unter einander und mit den männlichen Arbeitern; es giebt Fabriken, in denen 25 % der Arbeiterinnen uneheliche Kinder besitzen. Bei den Verkäuferinnen greift immer mehr das Grisettenthum ohne Gedanken an die Heirath Platz.

In diesem ungebundenen Leben und der zu frühen Selbstständigkeit des weiblichen Geschlechtes ist der Hauptgrund für den sittlichen Verfall der Jetztzeit zu suchen. — Wie ich in einem Vortrag vor mehreren Jahren schon hervorhob, muß besonders in zweifacher Hinsicht der Hebel zur Verbesserung angesetzt werden. Es muß vor Allem der Begriff der weiblichen Ehre wieder zur vollen Geltung kommen. Hierzu ist aber in erster Linie nothwendig, daß die Bedeutung des Verlustes vor das Bewußtsein tritt, das 14jährige Mädchen, welches allein in die Welt gestoßen wird, muß davon unterrichtet werden, was es zu verlieren hat, ebenso der junge Mann, welchen Gefahren für Ehre und Körper er sich aussetzt. Eltern, Verwandte, Vormünder, Geistliche oder Aerzte und Dienstherrschaften müssen dieses Amt der Aufklärung übernehmen und es wird schwer gefehlt, wenn aus falschem Schamgefühl hier geschwiegen wird, manches Menschenleben könnte auf diese Weise gerettet werden.

Ein zweites Mittel ist die möglichste Beseitigung von schlechten Beispielen, welche bei der ärmeren Bevölkerung nur durch Schaffung ausreichender Wohnungen bewirkt werden kann. Etwas Abhülfe kann durch ein Schlafstellenregulativ, wie es in Leipzig von Herrn Prof. Hasse geplant ist und in Frankfurt am Main den 1. Oktober 1892 in's Leben trat, geschaffen werden. Der Leipziger Entwurf enthält die wichtige Bestimmung, daß Schlafleute beiderlei Geschlechtes, auch wenn getrennte Räume vorhanden sind, nicht aufgenommen werden dürfen. In der Frankfurter Verordnung lautet § 5: „Personen, gegen welche Thatsachen vorliegen, die die Annahme rechtfertigen, daß sie das Vermiethen von Schlafstellen zur Förderung der Unsittlichkeit mißbrauchen werden, dürfen an weibliche Personen Schlafstellen nicht vermiethen." Das Großherzogthum Hessen ist das erste Land, wo vom 1. April dieses Jahres an ein Landesgesetz über diesen Gegenstand in das Leben treten wird. (Blätter für soziale Praxis Nr. 2). Ein sicherer Nutzen kann hierdurch herbeigeführt werden; ein Geistlicher eines früheren Vorstadtdorfes von Leipzig theilte uns mit, daß durch ein derartiges streng durchgeführtes Regulativ statistisch eine Abnahme der unehelichen Geburten in diesem Orte nachgewiesen worden wäre.

Eine Ausdehnung eines solchen Gesetzes auf die Garconwohnungen ist dringend erforderlich, schon deshalb, um der guten Vermietherin einen Schutz in die Hand zu geben, der häufigen Forderung des Abmiethers, Frauenzimmer in sein Logis mitzubringen, energisch entgegentreten zu können. Sie muß dieses jetzt oft dulden, wie uns mehrfache Zuschriften bei dem erwähnten Vortrag bewiesen, weil sie sonst der Concurrenz bei der Vermiethung unterliegen würde. — Es haben sich in den letzten 25 Jahren Zustände entwickelt, wie sie früher nicht für möglich gehalten worden wären. Ich greife aus der letzten Freitagsanmeldung nur einen Fall heraus. Bei dem einen angemeldeten Kinde fand die Pflegerin in der Familie 4 Säuglinge. Ein eheliches Zwillingspaar von der Familienmutter, welche 11 Kinder besaß, von denen nur ein Sohn als Militär und eine Tochter als Fabrikarbeiterin über 14 Jahre alt waren. Die beiden übrigen Kinder waren ein uneheliches Kind dieses Sohnes und eins von der Tochter. Es besteht ein großer Stamm ehrbarer Arbeiterfamilien, davon habe ich die beste Kenntniß gewonnen, aber er droht sich immer mehr zu vermindern durch die Abnahme der Sitten in der Umgebung. Es beginnt sich im Volksbewußtsein immer mehr und zwar in allen Kreisen ein moralischer Defect in geschlechtlicher Beziehung einzunisten und muß der Staat energisch gegen alles Protest erheben, was im Mindesten die Moral herabsetzen kann, denn auch in Deutschland sind Zustände schon weit gediehen, welche andere Reiche decimirten. Nur hierdurch kann der Staat den Grundpfeiler seines Bestandes, die wahre Ehe schützen und eine Verminderung der unehelichen Geburten bewirken, wobei ein wichtiges Hülfsmittel unser Leipziger System des Schutzes der unehelichen Kinder sein wird.

Fasse ich in wenigen Sätzen den Hauptinhalt zusammen, so ergiebt sich Folgendes:

Die unehelichen Kinder erforderten durch ihre hohe Sterblichkeit stets einen behördlichen Schutz. Die ungünstigen Lebensbedingungen dieser Kinder haben sich in der Neuzeit so verschlimmert, daß nur durch eine verschärfte staatliche Aufsicht Abhülfe gebracht werden kann. Diese Ueberwachung muß von der Geburt eines jeden solchen Kindes durch die Generalvormundschaft der Gemeinde beginnen, welche feststellt, in wie weit die Eltern zur Versorgung für ihr Kind angehalten werden können, sie sorgt bei in fremder Pflege untergebrachten Kindern für Zahlung der elterlichen Beiträge und läßt durch ihre Organe die Gesundheit der Kinder überwachen. Die Zusammenhäufung der außerehelichen Kinder in großen Städten verlangt für die Generalvormundschaft an solchen Orten eine Beihülfe aus staatlichen Mitteln, weil eine Belastung der großen Städte zu Gunsten der kleinen Gemeinden stattfindet. Da eine Heranziehung des Vaters des Kindes zu den Kosten der Verpflegung die dringendste Nothwendigkeit ist, so muß in dem Entwurf des neuen bürgerlichen Gesetzbuches eine Rückkehr zu dem sächsischen Gesetz erstrebt werden. Eine allgemeine Einführung des im Vergleich zu Findelhäusern geringe Kosten verursachenden Leipziger Systemes im gesammten deutschen Reiche müßte die Sterblichkeit der unehelichen Kinder herabsetzen und ihr Leben in jeder Beziehung verbessern, während Findelhäuser in hygienischer und moralischer Hinsicht zu verwerfen sind.

Anhang.

Regulative, Instructionen und Formulare.

Bekanntmachung, das Ziehkinderwesen betreffend.

Die in der Bekanntmachung vom 30. September 1884 erlassenen Vorschriften, das Ziehkinderwesen betreffend, sind in folgender Weise abgeändert:

1. Die Fürsorge und Aufsicht des Armendirectoriums erstreckt sich auf alle gegen Entgelt in Leipzig untergebrachten unehelichen Kinder. Ausgenommen sind nur die bei der Mutter oder deren Eltern untergebrachten Kinder. Sie endigt mit deren Aufnahme in eine Schule.

2. Alle diejenigen Einwohner, welche Kinder der unter 1 gedachten Art in Pflege nehmen, sind verpflichtet (abgesehen von deren polizeilicher Anmeldung, welche dadurch nicht berührt wird), an dem nächsten der vom Armenamte bekannt gegebenen Meldetage, welcher der Inpflegenahme des Kindes folgt, sich zu der für die Anmeldung festgesetzten Zeit und an dem dafür bestimmten Orte einzufinden, die über Alter, Herkunft ꝛc. des Kindes Nachweis gewährenden Papiere vorzulegen, auch über das sonst Wissensnöthige (insbesondere die Verhältnisse der Mutter und des außerehelichen Vaters), soweit sie dazu in der Lage sind, Auskunft zu ertheilen. Erlaubt es die Witterung und der Gesundheitszustand des Kindes, so ist dasselbe mitzubringen. Auf gleiche Weise ist die Weggabe des Kindes und die Wohnungsveränderung anzumelden.

3. Wer ein Ziehkind in Pflege nimmt ist verpflichtet, dasselbe auch mindestens 2 Monate, vom Tage der Inpflegenahme ab gerechnet, in seiner Pflege zu behalten, es müßten denn erhebliche Gründe, deren Prüfung man sich vorbehält, eine frühere Abgabe rechtfertigen.

Die Zieheltern werden daher ausdrücklich darauf hingewiesen, daß sie sich bei der Annahme eines Kindes die Ausgaben für eine mindestens zweimonatige Pflege desselben sicher stellen lassen.

Wenn in Folge der Verabsäumung dieser Vorschrift die öffentliche Armenpflege mit ihren Mitteln einzutreten genöthigt wird, haben die Betreffenden nicht nur für den dadurch verursachten Schaden Ersatz zu leisten, sondern auch noch überdies eine Ordnungsstrafe bis zu 20 ℳ oder entsprechende Haft zu gewärtigen.

4. Von den Zieheltern sind die unter A angefügten Vorschriften streng einzuhalten. Eine Uebertretung dieser Vorschriften, wie der Bestimmungen dieser Bekanntmachung wird — falls nicht gerichtliche Ahndung einzutreten hat — mit Geldstrafen bis zu 20 *M* oder entsprechender Haft geahndet, es kann auch die fernere Annahme und das fernere Halten von Ziehkindern bei Strafe untersagt werden.

Leipzig, den 1. Juni 1891.

Das Armendirectorium.
Hentschel.

A. Instruction für die Zieheltern innerhalb der Stadt Leipzig.

Die Zieheltern sollen beherzigen, daß ihnen ein elternloses Kind anvertraut ist, für dessen Gesundheit sie nicht nur dem Gesetz, sondern auch ihrem Gewissen verantwortlich sind.

Sie haben nachstehende Bestimmungen einzuhalten:

1) Wohnung, Betten, Kleidung.

Das Zimmer ist täglich zu waschen und zu lüften, bei eingetretener Kälte muß für genügende Wärme durch Feuerung gesorgt werden. Der Korb oder das Bett soll sich nicht zu nahe am Ofen oder dem Fenster befinden. Bis zu $1\frac{1}{4}$ Jahr genügt ein größerer Hebekorb oder Kinderwagen, von dieser Zeit ist eine Bettstelle nothwendig. Falls die Mutter die Bettstelle nicht herbeibringt, muß die Ziehmutter für eine solche sorgen. **Nie darf das Kind mit Erwachsenen im Bett schlafen.** Vorhanden sein müssen während der ersten Monate ein glatt gestopfter Strohsack, dessen Stroh **wenigstens** $\frac{1}{2}$ jährlich zu erneuern ist und ein Wickelkissen, später ein Unterbett, Kopfkissen und Zudecke oder Bettchen.

Das Kind soll **nicht gewickelt** werden. Die Ziehmutter muß ferner als durchaus nothwendig 6 leinene und 3 wollene Windeln, 4 Hemdchen, 3 Käppchen, einige Lätzchen und später 2 Anzüge nachweisen können. Die Kleidung ist reinlich und in gutem Zustande zu halten.

In den beiden ersten Monaten ist das gesunde Kind täglich warm, nicht zu heiß zu baden, später wenigstens 2 Mal wöchentlich. Sonst ist täglich mit gewöhnlichem, im Zimmer gestandenen Wasser Brust und Rücken rasch zu waschen.

2) Nahrung und Erziehung.

Im Besitze einer jeden Ziehmutter müssen sein: 2 gewöhnliche Glastrinkflaschen mit Strichen, 2 Gummisaughütchen, 1 Spirituslampe, 1 großer und 1 kleiner Milchtopf. Die Flaschen sind sofort nach dem Trinken zu reinigen und mit Wasser zu füllen, die Saughütchen gleichfalls gereinigt ins Wasser zu legen. Die Milch wird sofort abgekocht und bleibt gut zugedeckt stehen. Vor dem Trinken wird der Theil, welchen das Kind trinken soll, nochmals auf Spiritus in einem reinen Töpfchen aufgekocht, noch heiß in die Flasche gegossen und in dem folgenden Verhältniß mit abgekochtem Wasser verdünnt: in dem 1. Monate mit der gleichen Menge Wasser, also 1 Theilstrich der Flasche Milch und 1 Theilstrich Wasser, vom 2.—6. Monate 2 Theilstriche Milch und 1 Theilstrich Wasser. Kaufen soll die Ziehmutter für das Kind täglich:

im 1. Monat $^1/_3$ Liter Milch,
im 2.—6. Monat $^3/_4$ Liter Milch,
vom 6. Monate bis $1^1/_2$ Jahr 1 Liter Milch,
vom $1^1/_2$—2. Jahre $^3/_4$ Liter Milch,
vom 2.—4. Jahre $^1/_2$ Liter Milch.

Zum Beispiel wird das Kind im ersten Monate gewöhnlich 4 Striche in der Flasche trinken, also 2 Striche abgekochte Milch werden heiß in die Flasche gegossen und dazu 2 Striche abgekochtes Wasser. Vom 2. Monate an, wenn das Kind 6 Striche trinkt, 4 Striche Milch und 2 Striche Wasser, oder später 6 Striche Milch und 3 Striche Wasser. — Die Wärme der Flasche ist durch das Halten an das Auge zu prüfen, **nicht aber wie oft geschieht,** zu kosten. — Bei Zusatz von schleimigen oder Mehlsubstanzen ist das Mehl dünn für den halben Tag zu kochen, und wird bei jedem Trinken der Milch in die Flasche an Stelle des Wassers zugegossen.

Vom 3. Monat an kann eine halbe, später eine ganze gut ausgebackene Semmel oder Nährzwieback, mit Butter und Milch aufgebrüht, oder auch einmal täglich durch die Flasche dünne Mehlsuppe gegeben werden, alleiniges Füttern ohne Milch ist zu vermeiden.

Ferner sind vom 5. Monat an zur Abwechslung Gries, Grütze, Fadennudeln, Hafer- oder Haidegrütze, mit Milch oder Fleischbrühe aufgekocht, gestattet.

Zulpe und Gummisauger mit Zucker gefüllt sind gänzlich wegzulassen. Abends ist dem Kinde mit einem reinen in abgekochtes Wasser getauchten Leinewandläppchen der Mund sorgfältig auszuwaschen.

Es ist nicht jede dünne, sauer und übelriechende Ausleerung auf die Zahnung zu schieben.

Strengste Vorsicht bei solchen Ausleerungen ist dringend nothwendig.

Sobald das Kind zwei Mal Durchfall zeigt, ist **die Milch sofort auszusetzen** und das Kind einige Stunden hungern zu lassen, darauf ist dünner Salepschleim, 1 Messerspitze Salep mit 1 Tasse Wasser aufgekocht, in kleinen Quantitäten $^1/_2$ Tag zu geben. Dann abwechselnd Salepschleim mit dünner Mehlsuppe oder Kalbfußbrühe, bis die Diarrhoe beendigt ist, und nun ist erst allmählich mit der Milch wieder zu beginnen. An Stelle der Milch ist auch gute Sahne mit 2—3 Theilen Wasser verdünnt dem Kinde oft zuträglich. —

Bei schönem Wetter muß das Kind täglich, wenn es gesund ist, an die Luft gebracht werden, Zugluft, heftiger Ostwind und schlechte Witterung sind zu vermeiden, Abends soll es nicht zu spät in's Bett gelegt und darin vor grellem Lichtscheine behütet werden. Von Kindern, welche an ansteckenden Krankheiten, Masern, Scharlach, Keuchhusten, Diphtherie leiden, ist es streng zu entfernen; brechen solchen Krankheiten in der eigenen Familie der Ziehmutter aus, so ist der Ziehkinderarzt sogleich zu benachrichtigen.

Bei gesunden Kindern findet die Impfung gemäß dem Gesetz vor dem Abschlusse des ersten Lebensjahres statt, eine Befreiung von ihr bei Schwäche oder Krankheit des Kindes vermittelt der Ziehkinderarzt. — Nie darf das Kind mit der Faust, Stöcken, Stricken, Riemen oder anderen Werkzeugen auf den Kopf, Gesicht, Rücken geschlagen werden, nur auf die Hände sind mit einer schwachen birkenen Ruthe nicht zu starke Schläge, so daß nie Striemen entstehen, bei einem älteren Kinde gestattet. Die Zieheltern sollen vor Allem versuchen, durch verständiges Zureden dem Kinde seine Unarten abzugewöhnen. **Ferner soll das Kind nie auf den Mund geküßt werden.** Eine Aufnahme in einer Kinderbewahranstalt oder einem Kindergarten ist dem Kinde nicht vor $3^1/_2$ Jahre zuträglich.

3) Controle der Kinder.

Der im Auftrage des Armendirectoriums durch den Ziehkinderarzt bez. die Pflegerinnen ausgeübten Controle der Kinder sollen die Pflegeeltern keine Hindernisse bereiten, sondern darin vielmehr die Absicht erkennen, ihnen bei der Erziehung der Kinder mit Rath und That an die Hand zu gehen. Sie sollen diesen Personen freundlich entgegenkommen, vorbehaltlos jede gewünschte Auskunft ertheilen und deren Rathschlägen und Anordnungen ein williges Ohr leihen und pünktlich nachkommen.

Zu den allgemeinen, ihnen vom Armenamte bekannt gegebenen Controlversammlungen haben sie sich mit dem Kinde pünktlich einzufinden. Prämien erhalten nur solche Ziehmütter, welche die obigen Vorschriften auf das Genaueste befolgen.

B. Instruktion für die Pflegerin.

Fr. Pflegerin bei dem mit dem Armenamte verbundenen Institute zur Beaufsichtigung der Ziehkinder verpflichtet sich:

1.

den Anordnungen der vorgesetzten Behörde nach ihrem besten Wissen und nach allen ihren Kräften Folge zu leisten und die nach dem für dieses Institut gültigen Regulative zu führende weibliche Aufsicht über Verpflegung und Behandlung der Ziehkinder durch die Zieheltern nach ihrer besten Einsicht und mit der Unverdrossenheit, Theilnahme und Menschenliebe zu führen, die zu einem gedeihlichen Wirken in der Armenpflege und gerade in ihrem Berufe ganz unerläßlich ist, ohne für ihre Bemühungen außer der mit dem Amte verbundenen festen Besoldung sonst eine Vergütung zu verlangen oder anzunehmen;

2.

jedes ihr übergebene Ziehkind wenigstens aller 4 Wochen zu besuchen, bei Kindern unter 1 Jahre und kranken Ziehkindern die Besuche aller 14 Tage auszuführen und sich bezüglich Nahrung, Betten, Kleidung und Wohnungsräume genau zu überzeugen, ob das bestehende Regulativ richtig befolgt wird;

3.

die festgesetzten Anmeldungstage auf dem Armenamte, sowie die Ziehkindervorstellungen pünktlich zu besuchen;

4.

jedes neuangemeldete oder umgezogene Kind in den nächsten 8 Tagen in der Wohnung aufzusuchen und über den Befund einen Verpflegungsbericht innerhalb dieser 8 Tage auszustellen, sowie bei jedem Besuch Notiz in das bei den Zieheltern ausliegende Ziehkinderbuch einzutragen;

5.

am Ende eines jeden Vierteljahres einen Bericht zu geben über jedes Kind, die Pflegeeltern, sowie über Zahl und Tage der ausgeführten Besuche;[1]

---

[1] Dieser Paragraph ist dahin geändert, daß die Pflegerin über jedes Kind einen Personalbogen ausfüllt, in dem sie mit einem kurzen Vermerk Tag des Besuches und Art der Verpflegung einträgt. Bei Verzug der Pflegemutter werden die Bogen ausgetauscht, beim Weggang des Kindes erhält sie die Registratur und legt sie zu den Akten des Kindes, da noch nach Jahren in manchen Fällen Anfragen gestellt werden.

6.

die pünktliche Meldung der Umzüge zu überwachen, bestehende Mängel, soweit möglich, in Güte auszugleichen, wobei sie Zieheltern, welche ihrer Aufsicht Hindernisse in den Weg legen, auf die in der Ziehelterninstruktion angedrohten Strafen zu verweisen hat;

7.

über ihre Wahrnehmungen bei den Inspektionsbesuchen, namentlich über vorgefundene Uebelstände, Ordnungswidrigkeiten, erkrankte, nicht mehr vorgefundene, neue, ihr noch nicht amtlich angezeigte Ziehkinder, dem Arzte allwöchentlich, dringlichen Falls aber sofort, mündlichen Bericht zu erstatten, auch dem Armenamte diese Wahrnehmung anzuzeigen;

8.

den ihr gegebenen Urlaub von 14 Tagen streng einzuhalten; wenn Krankheit, welche in jedem Falle dem Arzte sofort zu melden ist, einen längeren Urlaub angezeigt erscheinen lassen sollte, ärztliches Zeugniß beizubringen und für eine Stellvertretung zu sorgen, welche während der 14 Tage durch gegenseitige Vertretung stattfindet;

9.

Fr. unterwirft sich den Bestimmungen des Ortsstatutes vom 3. Januar 1885, die Rechtsverhältnisse der Unterbeamten und städtischen Angestellten betreffend.

Leipzig, den 1. November 1892.

Jedes uneheliche Kind, welches in Leipzig in Pflege gegeben wird, muß von den Zieheltern sofort am **nächstfolgenden Freitag, Stadthaus, Obstmarkt 3, I. Etage, Armenamt, Nachmittags $^1/_2$4—5 Uhr,** bei Verlust der Berechtigung, Pflegekinder zu halten, angemeldet werden. Erlaubt es die Witterung und der Gesundheitszustand des Kindes, so ist dasselbe mitzubringen.

Das Armenamt.
Hentschel.

Zu beachten: Dieser Zettel ist bei Anmeldung des Kindes unter genauer Beantwortung der umstehend verzeichneten Fragen wieder mitzubringen und vorzulegen.

(Rückseite.)

Fragen:

Name, Stand und Wohnung der Pflegeeltern.	Name, Geburtstag, Geburtsort des Ziehkindes.	Name, Stand, Geburtstag, Geburtsort, Aufenthaltsort der Mutter des Kindes.	Name, Stand, Aufenthalt des außerehelichen Vaters.

Ziehkinder-Fragebogen.

Aufnahme- Tag	Mon.	Jahr	Straße und Hausnummer	Name und Stand der Zieheltern.	Ziehgeld ℳ	₰	Bemerkungen.

1. Name des Kindes: ....

2. Geburtstag und Jahr: ....

3. Geburtsort: ....

4. Name und Stand der Mutter: ....

....

5. Geburtstag und Geburtsort: ....

6. Wohnort: ....

....

....

....

7. Name und Stand des Vaters: ....

....

8. Aufenthaltsort desselben: ....

9. Zahlt derselbe genügende Unterhaltungsbeiträge? ....

10. Werden die Zieheltern öffentlich unterstützt? ....

Verpflegungsbericht.

Namen, Vornamen und Alter
des Pfleglings:

Namen, Stand und Wohnort
der Pflegeeltern:

Wohnungsbeschaffenheit:

Wie waren des Pfleglings
a. Gesundheitszustand:

b. Betten, Wäsche, Nahrung?

Sonstige Bemerkungen:

.................................., den ten 18

....

Postkarte.

Das am .... außerehelich
geborene Kind ....

....

.................., ist am .... von hier nach ....
angeblich zu ....

.... in Pflege abgemeldet worden.

Für den Fall, daß genanntes Kind dort nicht angekommen ist, wird um Mittheilung gebeten.

Leipzig, den 18

Der Rath der Stadt Leipzig.
Armenamt Abtheilung IV b.

Armenamt Leipzig, Abth. IV b.

am ....

wird

das geehrte Polizeiamt

hier

um gefällige Auskunft über den Leumund de.........

Pfleger.................... des Kindes..

...., de ....

....

....

....

ergebenst ersucht.

Nachr.

An

die Ortsbehörde

des außerehelichen Vaters.

....

Mutter de am.. geborenen, der Aufsicht unserer Ziehkinderanstalt unterstellten und von Unterzeichnetem bevormundeten

....

hat darum nachgesucht, daß der außereheliche Vater dieses Kindes

....

zur Zahlung von Unterhaltungsbeiträgen für dasselbe angehalten werde.

Wir ersuchen Sie nun ergebenst, denselben hierüber zu hören und eventuell zu befragen, welchen Unterhaltungsbeitrag er für das Kind anher zu zahlen bereit sei, und wie er die rückständigen Unterhaltungsbeiträge zu zahlen gedenke, ihm auch im Falle der Weigerung zu eröffnen, daß wider ihn werde Klage erhoben werden.

Zugleich bitten wir um gefällige vertrauliche Auskunft über die Erwerbs- und Vermögensverhältnisse des Genannten.

Leipzig, den...

Der Rath der Stadt Leipzig.
Armenamt.

Druck von Metzger & Wittig in Leipzig.

FSC
www.fsc.org
MIX
Papier | Fördert
gute Waldnutzung
FSC® C083411

Kolibri 360 GmbH
Ferdinand-Jühlke-Straße 7
99095 Erfurt, Deutschland
produktsicherheit@kolibri360.de